방루치 포럼

박유진 朴宥鎭 | 경영학 박사

저자 박유진은 '자생력'과 '존재감'을 키워드로 삶을 탐구해 온 리더십 전문가이다. 육사, 연세대, 경북대, 영국 웨스트민스터대에서 경영학과 리더십을 연구했으며, 육군3사관학교 리더개발연구센터장을 비롯해 여러 대학과 기업 및 공공기관에서 활동했다.

『현대사회의 조직과 리더십』,『리더십의 이해와 개발』,『존재감 산책』,『인생풍경』 등 다수의 저서를 집필했으며, 리더십 강의와 학부모 교육을 통해 영감을 주는 메시지를 전달해 왔다. 이번 책은 자녀의 독립성과 자생력을 키우기 위한 부모의 역할과 변화를 따뜻하고 현실감 있게 그려낸 성장 가이드북이다.

일러두기

각 장의 첫 부분에 배치된 그림은 AI를 활용하여 그린 그림입니다.

박유진 지음

방루치 포럼

내 아이를 위한
가장 소중한 선물,
자생력!

서문

연구와 견문을 통해 다다른 인생 키워드는 '자생력'과 '존재감'입니다. 자녀 교육에서 부모의 역할이란 아이들의 존재감을 살려 주면서 자생력을 길러 주는 일입니다. 우리 소중한 아이들의 멋진 인생을 위해 어떻게 하면 어릴 때부터 자생력을 잘 기르게 할 수 있을까? 그 답을 찾아가는 생각을 공유하는 것이 이 책의 목적입니다.

리더십을 두 갈래로 본다면, 하나는 타인들을 이끌어 가는 능력이고, 다른 하나는 자신의 삶을 이끌어 가는 능력입니다. 이 책은 자신의 삶을 주도적으로 이끌어 가는 셀프 리더십을 지향합니다. 셀프 리더십의 기반이자 에너지인 자생력은 부모가 아이들에게 줄 수 있는 가장 소중한 선물입니다. 이 책이 도움이 된다면 큰 보람이겠습니다.

2025년 새해아침

글쓴이 박유진(朴宥鎭)

나오는 사람들

아이들의 엄마와 아빠들

도도 아빠 인공지능 관련 일을 하는 프리랜서. 다양한 분야의 독서를 즐기며 관심 있는 주제에는 포럼에 참여한다.

도도 엄마 회사 직장 맘. 도도와 동생의 교육에 관심을 가지고 전업 엄마들과 활발한 소통을 하는 적극적인 성격이다.

미미 아빠 학원 수학 강사. 교육에 대한 식견이 풍부하고 포럼에 적극적이다.

미미 엄마 미미와 동생을 키우며 아이들 용품 온라인 쇼핑몰을 운영한다. 사람들과의 관계에서 자신감이 부족하고 타인의 시선에 예민하다고 생각하고 있다.

솔솔 아빠 자동차 세일즈맨. 사람은 천성과 운명으로 살아간다고 믿어 교육의 효과에 회의적이다. 포럼에는 가끔 참석하여 비판적인 질문을 하곤 한다.

솔솔 엄마 전업주부. 차분하고 말수가 적지만 남편과는 달리 교육의 효과를 긍정적으로 생각하며 포럼에도 적극적으로 참석한다.

라라 아빠 카페 경영. 관심 있는 주제이면 알바생을 고용해서라도 포럼에 참여하려고 애쓴다.

라라 엄마 초등학교 교사를 하다가 퇴직한 3남매를 키우는 전업주부. 적극적인 성격은 아니나 자기의문에는 질문하며 답을 찾으려는 스타일이다.

솔미 아빠 회사 직장 맨. 성격이 좋아 사람들과 잘 어울리며 포럼에 참여하려고 애쓴다.

솔미 엄마 전업주부. 궂은 일도 맡아 책임감 있게 수행한다. 사교적이고 봉사적인 성격이다.

그 외

Q 선생 퇴직하여 아파트단지에 거주. 중·고등학생이 된 손주들이 어릴 때부터 양육을 도와 주민들과도 잘 알고 지낸다. 교육에 관한 관심으로 질문을 잘한다고 하여 Q 선생이라고 불린다.

아이들의 아빠와 엄마의 친구와 지인, 포럼에 초빙되어 온 전문가 여러분

유치원 및 초등학교에 다니는 도도, 미미, 솔솔, 라라, 솔미와 동네 및 학교 친구들

목차

제1부

현실,
마마보이 걱정

TV 뉴스를 보다가

TV 뉴스를 보던 미미 엄마는 걱정스러운 눈빛으로 미미 아빠를 쳐다보았다.

"우리 아이들은 커서 저렇게 되지 않겠지?"

"그럼, 오히려 혼자 뭘 해 보려는 욕심이 너무 강한 것 같지 않아?"

뉴스는 마마보이 현상이 가정문제에서 사회문제로도 번질 수 있다면서 통계 숫자까지 제시하고 있었다.

"마마보이는 성인이 되어서도 자기 문제를 주체적으로 판단하지 못하고 부모에게 의존하는 자녀를 일컫는 말입니다. 개그 프로에서 결혼까지 한 아들이 회사 일이나 아내와의 사소한 문제까지 엄마한테 전화를 걸어 '엄마, 나 이거 어떻게 해야 해?'라고 물어보는 장면으로 등장하기도 합니다. 심한 경우 당연히 사회생활을 제대로 하지 못하는 경우가 많겠죠."

그러면서 뉴스에서는 원인을 잘 분석하여 자율 능력을 키워 주어야 한다고 강조하고 있었다.

며칠 후 미미 엄마는 놀이터에서 도도 엄마와 라라 엄마를 만났는데, 라라 엄마가 뉴스에서 본 마마보이 이야기를 먼저 꺼냈다. 라라 삼촌이 그런 상황이라면서 걱정 어린 말투였다.

"애들 아빠랑 태연한 척했지만, 은근히 걱정은 되더라고요."

"애 아빠 말로는 라라 삼촌은 어려서부터 어머님이 다 챙겨 주었는데, 지금도 뭘 혼자 하려 하지도 않고 결혼해서도 식구들이 아버님 집에 얹혀살고 있어요. 요즘 그런 사람을 캥거루족이라고 하더군요. 부모님이 고생이시죠."

도도 엄마는 뉴스를 보지는 못했지만 주변에서 그런 사람들에 관한 이야기를 듣고 있다고 한다.

14

2

Q 선생

마침 산책을 나온 Q 선생이 보이자 엄마들이 인사를 건넸다.

"어머, 선생님! 안녕하세요? 잘 지내시죠?"

"아, 네. 오늘 날씨가 좋군요. 아이들 노는 게 참 귀엽네요."

Q 선생은 아파트단지에 살고 있는 분인데, 중·고생이 된 손주들을 어릴 때부터 돌봐 주면서 젊은 사람들과도 어울려 이런저런 대화도 나누곤 한다. 대화 중에 뜻있는 질문을 잘하여 사람들은 Q 선생이라고 부른다.

"오늘 시간 있으세요?"

미미 엄마가 시간을 청하는 마음으로 물었다.

"뭐 특별히 바쁜 일은 없지만, 무슨 일이 있나요?"

"네. TV에서 본 이야기를 하고 있었는데, 선생님 말씀도 함께 들으면 좋을 것 같아서요."

엄마들이 방금 나누었던 이야기를 전하면서 도움말을 청하자, Q 선생은 한 가지 제안을 했다.

"글쎄요…. 저야 한 세대 지난 사람이고, 요즘 엄마 아빠들이 훨씬 더 현명한 데…. 어쨌든 우리 아이들이 잘 자라나는 것이 우리의 관심이잖아요?"

"네 그렇죠. 선생님."

Q 선생은 말을 덧붙였다.

"으음, 오늘 한 번에 이야기를 다 할 수 있는 문제는 아닌 것 같고…. 아이들 교육에 관해 서로 공부하면서 의견을 나누어 가면 어떨까요?"

"아! 그게 좋겠어요. 아빠들과도 이야기해 보고 다음 주쯤이라도 만나서 논의해 보는 게 좋을 것 같아요."

엄마들이 찬성하면서 도도 엄마가 첫 연락을 맡기로 하고 헤어졌다. 직장에 다니는 도도 엄마는 아이들을 늘 돌봐 주지 못해서인지 아이들 문제에 관해 다른 엄마들과도 적극적으로 소통하는 부지런한 엄마다. 석양이 아파트단지 주변의 거리에 즐비한 여러 학원들의 간판을 비추고 있었다.

엄마 아빠들의 만남

3월이 되면서 아파트 뒷산에는 진달래와 이른 꽃들이 피어나기 시작했다. 아파트단지 쉼터에 도도 등 세 아이의 엄마와 아빠, 그리고 Q 선생이 커피를 한 잔씩 들고 만났다.

미미 엄마가 먼저 입을 열었다.

"잘 지내셨죠? 지난번 이야기한 대로 아이들이 잘 자라나는 데 우리가 부모로서 어떻게 하는 것이 좋은지 의견을 나누기로 하죠."

엄마 아빠들이 간단히 자기 의견을 말하고 Q 선생은 가벼운 멘트 외에 거의 듣기만 했다. 결론적으로 모임을 이어 나가는 것이 좋겠다고 합의하면서 앞으로의 할 일을 다음과 같이 대강 정리했다.

① 주제는 '어떻게 하면 아이들을 잘 키울 것인가?'로 한다.

② 매월 2회 정도 일과 후나 주말에 모임을 하며, 아파트의 모든 주민들에게도 참석을 개방한다.
③ 참석자들의 견해를 나누되, 필요하면 지인 중에서 전문가를 초빙한다.

이런 의견이 오간 후 다음 모임에 관하여 도도 아빠가 한 가지 제안을 했다.

"지금 아이들이 초등학교와 유치원에 다니고 있는데, 교육에 좋은 가르침이 되는 사상가들의 교훈을 찾아서 우리 모임의 방향 설정에 참고하면 어떨까요?"

모두 찬성하여 세 집에서 사상가 한 사람씩을 선정, 그들의 삶과 교훈을 발표하기로 하고 헤어졌다. 엄마 아빠들은 부모로서 올바른 역할을 찾아간다는 뿌듯함과 아울러 책임감도 느껴졌지만, 발걸음은 가벼웠다. 저녁노을이 아파트 창에 반사되어 빛나고 있었다.

방루치 포럼의 탄생

부드러운 봄바람이 산들거리는 토요일 오후, 일곱 사람은 간단한 다과를 준비하여 쉼터에서 만났다. 가벼운 일상 이야기를 나누면서 제안을 한 도도 아빠가 먼저 말을 꺼냈다.

"저는 우리나라에 어린이날을 제정하는 계기를 만든 방정환 선생님을 소개할까 합니다."

사실 세 가족이 미리 상의하여 도도네는 방정환 선생님을, 미미네는 명저『에밀』을 쓴 프랑스의 교육사상가 루소를, 라라네는 근대교육의 아버지로 불리는 스위스의 페스탈로치를 소개하기로 했었다. 익히 들어온 저명한 분들이었다.

방정환 선생님(1899~1931)

먼저 도도 아빠가 방정환 선생님을 소개했다.

"어린이들을 사랑한 대표적인 한 분이 방정환 선생님이시죠. 그래서 자료를 좀 찾아보았어요."

도도 아빠는 메모해 온 내용을 보면서 설명했다.

"방정환 선생님은 1899년에 서울의 부유한 집안에서 태어났지만 어릴 때 어머니가 돌아가시고 아버지의 사업이 실패하면서 어려운 환경에서 자랐더군요. 일제 강점기에 어린이를 위한 활동과 민족운동을 하셨지요. 민족운동 부분은 간략하게 말씀드리고 어린이를 사랑한 내용을 중심으로 소개할게요."

"독립을 위해 민족운동도 하셨다니 뜻밖이군요."

"네. 선생님의 활동은 아버지가 신자이셨던 천도교와 관련이 많아요. 손병희 교주의 손녀와 결혼하였고, 당시 천도교가 인수하여 운영하던 보성전문학교(고려대학교의 전신)에 입학하여 '경성청년구락부'를 조직하고, 『신청년』과 『독립신문』을 출판하여 민족 계몽운동에 앞장섰지요.

3·1 운동 때 경찰에 구속되기도 하고, 일본 도요(東洋)대학에 유학하여 철학과 아동문학을 공부하면서 천도교 청년회 도쿄지회를 창립하여 독립운동도 하셨죠."

"그렇군요. 어린이 관련 활동도 궁금합니다."

"네. 어릴 적부터 동네 아이들과 무성영화의 변사 흉내나 연극 놀이와 동화 구연은 물론 문학작품 읽기와 시와 수필 등의 글쓰기도 좋

방정환 선생님　　　　　　『어린이』 잡지 표지

아햇다고 합니다.

　어린이들을 위한 활동을 정리해 보면, 첫째는 어린이라는 용어를 처음 만들고 어린이 잡지를 창간한 일, 둘째는 어린이날 제정과 선언서를 발표한 일, 셋째는 어린이날 행사를 처음 개최한 일, 넷째는 어린이들을 위한 문학작품을 남긴 일입니다. 한 가지씩 소개하도록 하죠.”

　“정말 어린이들을 위해 다양한 일을 하셨군요.”

　라라 엄마가 거들자 도도 아빠는 이야기를 이어 나갔다.

　“1923년은 우리 모임과 관련하여 특별한 해입니다. 그해 선생님은 ‘어린이’를 젊은이나 늙은이와 대비한 용어로 처음 사용하셨죠. 그리고 3월에 아동문학 동인회인 ‘색동회’ 창립에 참여하여 우리나라 최초의 아동 잡지 『어린이』를 창간합니다.”

1928년 <어린이>에 실린 어린이의 호소 글

"아, 어린이라는 용어가 그때 처음 사용되었군요?"

"그렇습니다. 당시 『어린이』 잡지는 힘이 약하던 어린이들이 목소리를 낼 수 있는 통로가 되었습니다. 어린이들의 많은 글이 실렸는데, 가령 〈육박지르지만 말고 좀 더 자유롭게〉라는 글(사진)에서는 이정구 어린이가 억눌린 감정과 요구사항을 솔직하게 털어놓는 등 10만 명이 넘는 어린이들이 잡지를 읽고 투고도 하였죠."

"어린이날 선언서를 발표하셨다는데, 어떤 내용인가요?"

"네. 선생님이 대표로 있던 '소년운동협회' 주관으로 '어린이의 날'을 제정하고 선언서를 발표했는데, '어른들에게 드리는 글'과 '어린 동무들에게' 보내는 글이 포함되었죠. 내용은 다음과 같아요."

1923년 어린이날 선언
-옛 문체를 일부 수정하며 요약-

세 가지 조건

소년운동협회는 세 조건을 소리쳐 전하며, 천하 형제들의 실행이 있기를 바란다.

1. 어린이를 재래의 윤리적 압박으로부터 해방하여 인격적인 예우를 하라.
1. 어린이를 경제적 압박으로부터 해방하여 14세 이하에게는 무상 또는 유상의 노동을 금지하라.
1. 어린이들이 고요히 배우고 즐겁게 놀기에 충분한, 다양한 가정 또는 사회적 시설을 마련하라.

어른에게 드리는 글

1. 어린이를 내려다보지 마시고 쳐다보아 주시오.
1. 어린이를 늘 가까이하여 자주 이야기를 하여 주시오.
1. 어린이에게 경어를 쓰되 늘 부드럽게 대해 주시오.
1. 이발이나 목욕, 의복 같은 것을 때맞춰 갖추어 주시오.
1. 잠자는 것과 운동하는 것을 충분히 하게 하여 주시오.
1. 산보와 원족 같은 것을 가끔 시켜 주시오.
1. 어린이를 책망할 때는 성만 내지 마시고 자세히 타일러 주시오.
1. 어린이들이 모여 즐겁게 놀 만한 놀이터나 기관 같은 것을 만들어 주시오.
1. 대우주의 뇌신경은 늙은이나 젊은이에게 있지 않고 오직 어린이들에게 있는 것임을 늘 생각하여 주시오.

어린 동무들에게

1. 돋는 해와 지는 해를 반드시 보기로 합시다.
1. 어른에게는 물론이고 어린이끼리도 서로 존대하기로 합시다.
1. 뒷간이나 담벼락에 글씨를 쓰거나 그림 같은 것을 그리지 말기로 합시다.
1. 길가에서 떼를 지어 놀거나 유리 같은 것을 버리지 말기로 합시다.

1. 꽃이나 풀을 꺾지 말고 동물을 사랑하기로 합시다.

1. 전차나 기차에서는 어른에게 자리를 양보하기로 합시다.

1. 입은 꼭 다물고 몸은 바르게 가지기로 합시다.

　"내용을 보니, 어른들도 어린이에게 경어를 쓰고 어린이끼리도 존대하도록 권유할 정도로 어린이의 인격 존중을 강조하고 있네요. 마지막 문장의 '입을 꼭 다물고'는 오늘날과 다른 당시의 사회 분위기를 나타낸 것 같아요."

　"그렇습니다. 특별히 이 선언은 국제연맹이 1924년에 채택한 '어린이 권리선언'보다 앞선 세계 최초의 어린이 선언이었죠."

　"그렇군요. 어린이날 행사에 대해 말씀해 주세요. 제일 관심이 가네요."

　"선생님은 소년운동협회를 중심으로 당시 신문에도 많이 보도되면서 5월 1일 첫 '어린이날' 행사를 성대하게 치렀죠. 12만 장의 전단지를 뿌려 행사를 알리고 당국이 금지를 고심한 시가 행렬까지 합니다. 이 행사는 해방 후에 5월 5일로 날짜를 바꾸어 오늘날까지 이어지고 있지요."

　"정말 당시 일제 강점기에 대단한 일을 하셨군요. 어린이를 위한 작품도 많이 쓰셨다는데 어떤 작품들이 있었나요?"

　"네. 〈나비의 꿈〉, 〈아기별 삼 형제〉, 〈어부와 마귀〉, 〈어린이 찬미〉 등 동화, 동요, 소설과 설화, 수필, 논문 등 100여 편에 이릅니다. 특히 이야기 솜씨가 뛰어나 동화 구연을 잘하셨는데, 전국을 돌며 어린이들에게 공연했고, 정말 인기가 많았다고 합니다."

어린이날 행사 후의 시가 행렬 모습

"어린이들에게 정말 큰 선물을 하셨군요. 그 후에도 어린이 운동을 열심히 하셨겠네요?"

"안타깝게도 건강을 잃어 32세의 젊은 나이에 세상을 떠나셨어요. 숨을 거두는 순간에도 '어린이들을 잘 부탁하오.'라는 유언을 남기셨다고 합니다. 선생님의 독립운동과 어린이 운동의 정신을 기려 정부에서는 건국훈장 애국장과 금관문화훈장을 추서했습니다. 그리고 선생님의 호를 따서 '소파상(小波賞)'이 제정되고, 현재 서울 어린이대공원에 동상이, 독립기념관에는 '어른들에게 드리는 글'을 새긴 어록비가 있답니다."

우리는 숙연한 마음이 들어 잠시 침묵에 잠겼다. 그렇게 어린이를 사랑한 선생님의 생애를 다시 새기며 잠시 커피 타임을 가졌다.

루소(J. Rousseau, 1712~1778)

미미 아빠는 루소의 생애와 그의 교육관을 담은 유명한 저서 『에밀(Emile)』에 대해 소개했다. 그 요점은 사람마다의 본성을 존중하는 자연주의 교육이었다.

"루소는 스위스 제네바에서 태어나 프랑스에 이주하여 활동한 18세기 사상가이자 음악가죠. 먼저 일생을 간단히 살펴보는 게 좋겠죠? 루소의 어머니는 그를 낳은 지 열흘 만에 세상을 떠났습니다. 그는 훗날 그것이 최초의 불행이었으며 그 때문에 평생 어머니에게 죄책감을 가졌다고 고백했지요. 가슴 아픈 이야기입니다. 루소의 일생에는 고난이 많았는데, 어린 시절에 아버지는 집을 떠난 후 돌아오지 않았고… 공장에서 일하며 어렵게 청소년 시절을 보냈다고 합니다. 그렇게 루소는 말수가 적은 폐쇄적인 소년으로 변해 갔습니다."

"아, 성장 과정이 참 힘들었겠군요. 그 후에는 괜찮아졌으면 좋겠네요."

"좋았던 시기도 있었죠. 16세 때 가톨릭 신부의 소개로 남편과 별거 중이던 바랑 남작 부인의 저택 집사로 일하게 됩니다. 13세 연상의 부인에게 처음에는 모성애를 느꼈지만, 차츰 연인관계로 발전했고 책이 가득한 저택에서 풍부한 독서를 하는 행운을 얻죠. 10여 년이 지났을 무렵 부인에게

루소 초상화

방루치 포럼

다른 연인이 생기자, 루소는 그녀를 떠나 프랑스로 가게 됩니다."

"프랑스에서의 생활이 궁금해지네요."

"루소는 바랑 부인과의 이별을 괴로워하며 불안정한 생활을 합니다. 신경쇠약과 좌절 속에서 신부의 조수, 시종, 유랑 극단, 토지 등기소 직원, 악보 대필가 등의 일을 전전했는데, 그러다가 음악으로 행운을 맞이하죠. 그는 음악적 재능이 뛰어났는데, 새로운 악보 표기법을 발표하고 단막극 각본 〈마을의 점쟁이〉와 평론 〈프랑스 음악에 관한 편지〉로 파리 음악계에서 명성을 얻습니다."

"음악가로서 명성도 얻었었군요. 흥미로운 사실이네요. 사상가로서 더 유명한데 그 명성은 어떻게 얻었나요?"

"그 부분은 제가 이해가 잘 되지 않아서… Q 선생님에게 미리 부탁을 좀 드렸습니다."

검은 테의 안경을 쓰고 중후한 분위기를 풍기는 Q 선생은 옛날에 공부한 내용을 리마인드하는 계기가 되었다면서 이야기를 이었다.

"네. 루소의 교육관을 알기 위해서는 그의 사회사상을 먼저 이해할 필요가 있어요. 루소가 38세 무렵 쓴 〈학문과 예술에 대한 담론〉으로 상을 받은 이후 10년 남짓한 기간에 『인간불평등기원론』, 『에밀』, 『사회계약론』 등 훗날의 명저를 발표합니다. 요점은… 18세기의 유럽 국가들은 왕족, 귀족, 평민, 농노 등 사회계층의 불평등이 매우 심했죠. 그는 『인간불평등기원론』에서 강자가 토지소유권을 갖게 되면서 불평등과 주종관계가 생겨났고 욕망에 의해 점차 심화되었다고 합니다. 그는 불평등을 해소하는 두 가지 방안을 제시했는데, 하나는『사회계약론』에서 제시한 사회적 방법이고, 다른 하나는『에밀』로 대표되는 교육을 통한 방법입니다. 루소는 이 책들로 인해 평생 박해를 받으며 고난의 방랑을 하게 되죠."

도도 엄마가 의아하다는 얼굴로 물었다.

"아니, 그렇게 좋은 책을 썼는데 왜 박해를 받았지요?"

"당시 국가의 권력과 재산은 왕족과 귀족 및 교회가 점유하고 있었지요. 그런데 루소가 이는 정당한 것이 아니며 사회적 합의가 필요하다고 주장했으니, 지배층에게 매우 위험한 인물이 된 것이죠. 특히『에밀』에서 교육이 자유롭게 커야 할 아이들을 위한 것이 아니라 왕권과 교회에 복종하도록 가르친다며 강력하게 비판했기에 엄청난 파장을 일으킵니다."

도도 엄마는 뜻밖의 박해 이유에 놀란 표정으로 고개를 끄덕였다.

"결국 법원과 의회는『에밀』을 압수하여 불태우고 루소를 체포하라고 판결했죠. 루소는 고향인 스위스 제네바로 도피했는데, 그곳에서도 추방 명령을 내리자, 공포에 떨며 유럽 각지를 유랑하다가 말년이 되어서야 파리로 돌아와 고독한 여생을 살다가 생을 마감하게 됩니다."

"정말 안타까운 일이네요.『에밀』이 그에게는 화근이 되다니… 좀 더 자세하게 알고 싶네요."

라라 아빠의 말에 미미 아빠가 다시 설명을 이어 나갔다.

"『에밀』은 당시 교육 현실을 비판하면서 '에밀'이라는 한 남자아이를 가상적으로 설정하여 유아기부터 결혼까지를 다섯 단계로 나누어 교육 방법을 제시한 책입니다. 어린이는 소질과 적성에 따라 자연스럽게 성장해야 한다는 것이 포인트이죠. 부모의 욕심이나 사회적 권위에 순응하도록, 마치 동물을 주인의 말을 잘 듣도록 훈련하듯이, 또는 나뭇가지를 비틀어 가며 분재하듯 하면 안 된다는 것입니다. 내용을 간략하게 소개할게요."

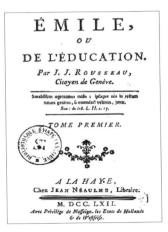

『에밀』 출판본

『에밀』

유아기(1~5세)에는 먹고 자고 배설하는 등의 본능적인 욕망만을 채우려 하므로 아이의 몸짓과 언어를 유심히 관찰하여 욕구를 파악하고 관심과 사랑으로 충족해 줍니다. 그러나 변덕스럽게 떼를 쓰고 울면서 원하는 것을 얻으려고 할 때는 모두 따라 주지는 말아야 합니다. 자칫 무조건 요구하려는 악습과 은연중에 지배의 욕구가 생겨나기 때문이죠. 유아기 때부터 스스로 하고 타인에게 요구를 덜 하도록 습관을 들이는 양육 방법을 권장합니다.

아동기(5~12세)에는 육체적 감각을 통하여 사물을 이해하기 시작하므로 다섯 가지 감각을 훈련하고 신체를 튼튼하게 길러야 지각과 판단력을 잘 갖출 수 있습니다. 무리하게 읽기와 쓰기를 가르치는 것보다 신체를 연마하는 것이 더 중요합니다. 능력에 비해 큰 욕망이 불행을 가져오므로 어릴 때 지식을 과도하게 많이 가지면 능력보다 더 큰 욕망을 갖게 만듭니다.

소년기(12~15세)는 힘이 넘치기 시작하는 때입니다. 지식과 기술이 독립적으로 살아가는 데 유용하다는 것을 깨달아 자연스러운 호기심과 필요성에 이끌려 학습하도록 교육 방향을 설정합니다. 예를 들어, 무인도에서도 생존하려면 별자리로 길을 찾는 방법이나 농업이나 목공 등을 배워야 하듯 인간은 노동을 하여 생계를 감당해야 한다는 사실을 인식시켜 주는 것이 중요합니다.

청년기(15~20세)는 건강하고 민첩한 신체와 편견이나 정념이 없는 정신, 자유로운 마음, 자기애와 도덕적인 미덕을 갖추는 시기입니다. 사람들과의 관계 속에서 자기 자신을 탐구하는 것이 중요한데, 주의할 점은 많은 욕구를 가진 채 평판에 집착하고 타인을 이겨 인정받기를 원하면, 은연중에 사악해져서 타인을 속이고 시기하는 이기심이 생긴다는 점입니다. 그래서 남에게 상처를 준 것을 뉘우치며 타인의 잘못을 흔쾌히 용서하는 동정심 등의 사랑의 감정을 가르칩니다. 가톨릭 교리에 얽매여 기존의 종교적 답을 찾기보다는 자기 양심의 소리에 귀를 기울여 정직하고 정의로운 사람이 되도록 해야 합니다.

성년기(20세~결혼)에는 배우자를 만나 결혼하는 어른의 세계로 들어섭니다. 남녀는 성적 차이를 제외하면 동일하지만, 남성은 능동적이고 강하며 여성은 수동적이고 약해서 여성은 남성에게 의존해야 하므로 여성은 남성의 마음을 즐겁게 하고 복종해야 합니다. 여성이 지혜롭지 못하여 남성을 잘 다루지 못하면 동반자가 아닌 노예로 전락하지만, 남성의 특성을 잘 이용하여 행복한 가정과 국가를 만든다면, 남성과 동등한 지위를 유지하고 순종하면서도 남성을 다스릴 수 있습니다.

"이렇게 모든 교육과정은 끝나고 다음 세대로 이어지게 되죠. 에밀에 대한 소개는 여기까지입니다."

300여 년 전의 프랑스와 오늘날 우리나라의 교육 현실을 직접 비교하거나 성장 단계별 교육 내용에 모두 동의하기는 어렵지만 아이들의 자연스러운 성장, 적성을 인정하는 교육, 독립성 배양, 정의롭고 도덕적인 품성 등의 견해에는 공감했다. 아울러 당시 남녀 간 차별 인식이 오늘날과 상당한 차이가 있음을 알 수 있었다.

내용을 듣고 라라 엄마가 질문했다.

"그런데 올바른 교육을 강조한 루소가 막상 자기 자녀들은 고아원에 보냈다고 하던데 사실인가요?"

"네. 루소는 20대 후반에 파리에 정착할 무렵부터 하숙집 하녀와 동거하며 23년 동안 5명의 아이를 낳았죠. 루소는 아이들을 모두 고아원에 보낸 것이 사실인데, 아마 안정된 직장과 수입 없이 생활이 불안정하고 가난하여 양육비를 감당할 수 없어서가 아니었을까요?"

미미 아빠는 답변을 하면서 Q 선생을 바라보았는데, 부가적인 설명을 부탁하는 듯한 표정이었다. 그러자 Q 선생은 간략하게 보충 설명을 했다.

"그의 성격이나 당시 사회 분위기와 관련이 있다고 봅니다. 루소는 어린 시절의 아픔으로 폐쇄적이어서 남들과 원만하게 어울리기 힘들었죠. 또한 당시 프랑스에서는 귀족 부인들이 젊은 연인을 둔다든지 또는 귀족층에서도 자신들의 생활을 즐기기 위해 아이들의 양육을 유모나 고아원에 맡기는 경우가 흔히 있었어요. 지금의 고아원과는 여건과 인식이 좀 달랐다고 봐야겠지요. 그래서 고아원에 아이들을 버렸다기보다는 고아원이 좀 더 성장에 도움이 될 것이라고 생각해서 아이들을 보냈던 것으로 보입니다."

"그랬군요. 루소의 말년은 어땠나요?"

"긴 유랑 생활에서 파리로 돌아왔지만, 세상으로부터 따돌림을 당한 초라한 루소는 다행히 한 귀족의 도움으로 파리 인근의 시골에서 전원생활을 하게 되고… 그곳에서 세상을 원망하면서 산책을 하거나 식물 채집을 하며 고독한 삶을 살아갑니다. 당시 작성한 원고는 사후에『고독한 산책자의 몽상』으로 발간되었죠. 결국 우울증과 병고에 시달리다가 전원생활을 한 지 1년도 안 되어 죽음을 맞습니다.

"참 안타깝고 슬픈 사연이군요. 그런데 사후에는 명성을 얻었다면서요?"

"사망 후 11년이 지난 1789년에 일어난 프랑스 혁명에서 루소는 사상적 지주로 추앙되었고, 프랑스 위인들의 국립묘지인 판테온으로 이장되었죠. 그리고 자기 삶을 솔직하게 털어놓은『참회록』은 사후에 출판되었고, 이후 루소의 사상은 유럽의 교육사상가들에게 큰 영향을 주었죠."

우리는 루소의 교육관을 이해하면서 아이들 교육을 위해 참고할 점들을 생각해 보게 되었다.

요한 하인리히 페스탈로치
(Johann Heinrich Pestalozzi, 1746~1827)

라라 엄마는 교육대학 시절에 공부했던 스위스의 교육사상가로 근대교육의 아버지라고 불리는 페스탈로치를 소개했다.

"페스탈로치의 일생을 먼저 간단히 소개할게요. 스위스 취리히에서 태어난 그는 5세 때 아버지가 별세하시고 어머니는 두 아들을 혼자 키웠어요. 1789년에 일어난 프랑스대혁명은 스위스 국민들에게도 영향을 주었는데, 페스탈로치는 취리히대학교에 다니면서 상류층의 사회 지배를 비판하는 개혁운동 단체에도 참여했죠."

"참, TV에서 페스탈로치가 루소의 영향을 받았다는 내용을 본 기억이 나네요."

도도 엄마의 질문에 라라 엄마가 이야기를 이어 나갔다.

"그는 루소보다 34년 후에 태어났죠. 루소가 박해를 받게 된『에밀』은 유럽에 큰 영향을 미쳤는데, 페스탈로치도 루소의 자연주의적 교육관을 받아들이죠. 그리고 빈민 교육의 중요성을 깨달아 노이호프 지역에 아이들과 낮에는 농사를 짓고 밤에는 공부를 하는 야학을 열었죠. 그러나 농장 야학은 악천후와 관심 저조로 재정이 궁핍해지고

페스탈로치와 농장 야학의 아이들

그의 건강도 나빠져서 결국 9년 만에 문을 닫았어요. 빈민 아동들은 집으로 데려와 베 짜기 등의 자립 교육을 하기도 했지요."

"그랬군요. 교육을 실천한 다른 활동은 없었나요?"

"있었습니다. 1798년에는 프랑스가 침공했는데, 정부가 설립한 전쟁 고아원의 책임자로 고아들을 돌보기도 하고 다른 교육기관을 맡았던 적도 있었지만 가장 유명한 것은 이베르동 기숙학교였죠. 그가 20년간 운영한 이 학교는 교육 방법의 명성으로 빈민 자녀 교육이 목적이었음에도 여러 나라의 군주와 귀족들이 자녀를 보내면서 유럽의 교육중심지가 되었습니다. 그러한 성공에도 아내도 죽고 빈민 교육의 초심을 잃었다고 판단하여 문을 닫게 됩니다."

"안타까운 일이었네요. 교육사상의 요점은 무엇이었나요?"

"페스탈로치는 자신의 아들을 『에밀』에 따라 교육한 과정을 기록한 『육아일기』 등 여러 저서를 펴냈죠. 그의 교육사상과 방법론은 7명의 자녀를 둔 시골 가정에서 술과 도박에 빠진 남편 라인하르트를 아내인 게르트루트가 헌신적 노력으로 갱생시키고 마을의 부패한 관행들을 없애면서 가난을 극복하는 내용의 『라인하르트와 게르트루트』와 『게르트루트는 어떻게 그녀의 아이들을 가르치는가?』에 중점적으로 담겨 있습니다. 특히 어머

<효리원> 발간 책 표지

니 역할의 중요성을 일관되게 강조하고 있죠."

"불쌍한 아이들을 돌보면서도 책으로 교육사상과 방법론을 남겼군요."

"네. 그의 교육관의 핵심은 도덕적 인성의 자립적 인간을 길러내는 것으로 도덕 교육, 삼육론, 노작 교육이 중심입니다."

우리는 내용이 정말 궁금했다.

"도덕 교육과 삼육론 및 노작 교육은 서로 연결된 것입니다. 먼저 도덕 교육이란… 인간의 내면에는 야수적이고 충동적인 동물적 상태, 이기적인 본능의 사회적 상태, 그리고 이기적 본능과 충동을 자기 의지로 조절하고 선행을 할 수 있는 도덕적 상태가 있다고 보았는데, 도덕적 상태의 힘을 기르는 것이 교육의 중요한 목적이라고 본 것입니다. 그리고 삼육론(三育論)이란 머리(Head)는 지성을, 가슴(Heart)은 덕과 감성을, 손(Hand)은 기능을 가르쳐서 지.덕.체를 균형적으로 계발하는 교육 방법을 말하는 것입니다."

"그렇군요. 노작 교육도 흥미로운 용어네요."

조용히 듣고 있던 도도 아빠가 관심을 보였다.

"네, 저도 흥미로웠답니다. 노작 교육(勞作敎育)이란 노동을 하면서 공부하는 방법을 말하죠. 빈민 아동들에게 안락한 편의를 제공하기만 하는 공공 구제 방식은 생산 능력을 키워 주지 못하는 나쁜 방법이라고 보았고, 그보다는 '벌 수 있는 능력'을 길러 주는 게 옳다는 것이었죠. 경작과 가사 일을 통해서 각종 지식과 기술, 근면성, 책임감, 정리 능력, 절약 정신 등을 배워 불량아가 되는 것을 막고 자기 구제 능력을 갖추도록 하는 것입니다. 노동 수입은 학교를 유지하는 비용으로도 충당했죠. 오늘날에도 부모가 모든 것을 갖추어주기만 할 것이 아니라 자기 일은 스스로 하기, 가사에 참여하기, 심부름, 가족 활동에 협력, 절약과 저축 등 노작교육의 응용이 필요하지 않을까 생각해봅니다."

"그렇군요. 그의 교육사상은 큰 영향을 끼쳤다면서요?"

진지하게 듣고 있던 도도 엄마가 물었다.

"그랬죠. 아이가 교사와 부모에게 의존하더라도 독립적인 인격체로 성장시켜야 한다고 강조하며, 어린이들의 개성을 무시하던 당시 교육 관습을 개혁해야 한다고 주장했죠. 그래서 페스탈로치의 교육 사상은 헤르바르트, 몬테소리, 프뢰벨 등 당시 교육자들에게도 영향을 주었고, 그에 따라 페스탈로치를 '근대 교육의 아버지'로 부르는 것입니다."

라라 엄마의 설명이 끝나자, 방정환과 루소 및 페스탈로치에 관해 공부한 것은 매우 뜻깊은 일이었다고 공감했다. 우리는 각자 자신이 중요하게 생각하는 점들을 이야기했는데, 도도 엄마가 대표로 정리했다.

- 아이는 하나의 인격체로 자신의 삶을 살아가는 주체이다.
- 아이는 자신의 본성에 맞게 소질을 계발해 나가는 것이 바람직하다.
- 아이가 도덕성을 바탕으로 품성과 능력을 배양하도록 하는 것이 좋다.
- 아이가 자신의 일을 스스로 해 나가도록 자립심을 길러 주는 것이 가장 중요하다.

이야기를 듣고 있던 Q 선생이 말했다.

"자립심이라는 용어가 특히 가슴에 와닿는군요. 비슷한 용어들이 있지요?"

"독립심, 자율성, 자생력 등이 비슷한 의미인 것 같은데, 저는 자생력이 적절할 것 같아요."

우리는 라라 아빠의 의견에 동의하며 '자생력'을 기본 용어로 정하자 도도 엄마는 한 가지 제안을 했다.

"우리가 아이들의 자생력을 중심 주제로 이야기를 이어 간다면 모임 이름을 하나 지으면 좋을 것 같아요."

"혹시 생각해 둔 것이 있나요?"

미미 엄마의 물음에 도도 엄마는 잠시 생각해 보다가 말한다.

"미리 생각해 둔 건 아닌데, 오늘 방정환 선생님과 루소 및 페스탈로치에 대해 조금 알고 보니 좋은 교육사상가들인데… 그래서 방정환과 루소의 앞 글자와 페스탈로치의 끝 글자를 모아 공부하는 모임이라는 뜻으로 '방루치 포럼'으로 하면 어떨까요?"

방루치 포럼! 의미 있는 이름이라며 모두 찬성했다. 모임 장소는 아파트 주민센터의 모임방 또는 야외 쉼터로 정했다. 미미 엄마가 Q 선생에게 마무리 멘트를 부탁하자 잠시 머뭇거리던 선생은 차분한 어조로 말을 이었다.

"아이들은 결국 부모의 품을 떠나 자기 인생을 살아가게 됩니다. '방루치 포럼'은 아이들이 자립 능력을 키우고 행복해질 확률을 높이는 일을 하는 것이니 부모들인 포럼참여자들이 행복해질 확률도 높아지겠죠. 하하하."

오늘 일곱 사람이 창립 멤버인 셈이지만 주변에도 알려서 참여를 권장하고 개방하기로 했다. 그리고 주제에 따라 전문가들의 견해도 들어 보기로 했다. 집으로 향하는 길에 연둣빛 잎사귀들이 밝게 빛나며 바람에 산들거렸다.

5

마마보이와 캥거루족

포럼이 만들어지고 첫 모임이다. 10여 명이 커피와 간단한 스낵을 들고 주민 모임방에 모였다. 주제는 미리 정해 둔 것으로, 부모들의 걱정 이슈인 마마보이였고 라라 아빠가 오프닝 멘트를 하기로 했었다.

"반갑습니다. 첫 주제의 발표를 맡은 라라 아빠입니다. 오늘 자생력이 부족한 사람들의 특징과 원인을 알아보는 시간이죠. 여러분들도 좋은 의견을 주세요."

참석자들은 박수로 응원했다.

"자생력이 부족한 사람들을 이미 알고 있듯이 마마보이 또는 캥거루족이라고 하죠. 마마보이(mama's boy)는 말 그대로 '엄마가 소유한 아들'로, 엄마의 지나친 보호 속에서 자라나 엄마에게 의존하는 나약한 남자를 말하잖아요. 딸이라면 마마걸(mama's girl)이라고 해야겠네요. 여러분 중에는 없죠? 하하."

마침 참석자 한 분이 양해를 구하고 〈마마보이〉 노래를 소개했다.

마마보이 - 김준선

모든걸 엄마에게 물어봐 사랑하는 사람까지도
혼자할 수 있는 건 없잖아 어른이 될 수 없는 마마보이

"저희 아이는 올해 초등학교에 입학했는데 관심이 있어서 참석했습니다. 김준선의 〈마마보이〉는 1990년대에 마마보이라는 용어가 대중화되는데 기여했다고 해야 할까… 어쨌든 가사가 흥미로웠죠. 가사를 들어 보시죠."

스마트폰에서 노래를 틀자 조용한 분위기에 가사가 선명하게 들려왔다.

잘 자라 우리 아가 앞뜰과 뒷동산에
새들도 아가 양도 다들 자는데

1. 아직까진 너에겐 모든 일에 엄마가 필요해

   모든 것을 엄마에게 물어봐야 해

   네가 어디에서 있든지 어디에서 무엇을 하든지

   엄마가 도와줄 거라고 생각을 하지

   잘 자라 우리 아가 내가 널 지켜줄게

   머리에서 발끝까지 넌 내겐 소중한 거야

   엄마- 나는 세상에 모든 것이 두려워요

   엄마- 언제까지나 내 곁에 있어 줘

   …

2. 너의 꿈이라는 건 바로 엄마의 꿈이야

   너의 너만의 것은 하나도 없지

   네가 옷을 살 때도 무엇을 먹으려고 할 때도

   엄마의 기준으로 항상 생각을 하지

   모든 걸 엄마에게 물어봐 (잘 자라 우리 아가)

   사랑하는 사람까지도 (내가 널 지켜줄게)

   혼자 할 수 있는 건 없잖아

   어른이 될 수 없는 마마보이

"1990년대이면 우리가 초등학교와 중학교 다닐 때인데, 정말 마마보이의 특징을 잘 나타내는 가사죠. 소개를 좀 더 해 볼게요."

라라 아빠가 말을 이어갔다.

"EBS 다큐 프로그램과 여러 자료를 보니까 마마보이 원인은 부모에게 모두 있지만, 대부분 엄마의 양육 태도가 더욱 결정적인 문제라고 하더군요. 자기에게 순종하며 의존하는 자녀들을 착하다고 칭찬하고, 자신에게서 벗어나면 불안해하면서 혼내기까지 하는 경우도 있고요. 다양한 원인을 참고로 보세요.”

라라 아빠는 프린트한 자료를 참석자들에게 나누어 주었다.

마마보이가 되는 원인

- **자녀가 할 일들을 엄마가 대신해 주는 경우 :** 어렸을 때 옷을 입거나 세수와 양치할 때, 초등학생 때 숙제나 준비물을 챙겨 주는 등 아이가 할 수 있거나 해야 할 일들을 모두 대신해 준다.
- **장래 희망에 대해 엄마가 원하는 방향으로 통제하는 경우 :** 아이의 꿈, 취미, 희망이 있는데도 엄마가 자기의 판단이 더 낫다고 생각하여 정해 준다. 따르지 않으면 엄마의 입장을 이해시키려 든다.
- **아버지가 역할을 못 하여 아이 교육을 엄마에게 맡기고 무관심한 경우 :** 심리학자 스티브 비덜프는 “아버지와 친밀하지 않은 자녀일수록 마마보이가 될 수 있다.”고 했다. 특히 사춘기가 되면 엄마의 말을 따르지 않으려 하는데, 중심을 잡아 주는 아버지의 역할이 필요한데도 엄마에게 맡긴다.
- **엄마에게 순종할 때만 칭찬하고, 안 따르면 미워하는 경우 :** 문제가 될 일이 아닌데도 엄마의 말에 순종하지 않았다는 이유만으로 혼낸다. 순종할 경우 지나치게 애정을 표현하여 엄마의 칭찬에 매달리게 만들어 자녀의 자율적인 판단력을 키우지 못한다.
- **엄마의 기대에 못 미치면 혼을 내는 경우 :** 잘했는데도 엄마의 높은 기대에 못 미치면 질책의 두려움과 긴장 속에서 엄마의 눈치를 보게 된다.
- **엄마 자신의 트라우마 경험으로 편애하는 경우 :** 가령 동생으로서 사랑을 받지 못하고 자란 엄마가 무조건 편애한 동생은 자기편이 되어 주는 엄마를 무조건적으로 따른다.
- **편모슬하에서 마마보이 성향이 더 잘 나타나는 경우 :** 홀어머니가 가정

을 이끌며 주도하는 경우, 강인한 엄마에게 순종하거나 또는 자애로운 엄마라면 그 보살핌을 받아 점차 의지하려는 성향이 강해진다.

- **주변 사람들의 영향** : 친인척이나 이웃 사람들을 자기를 사랑해 주는 엄마와 같다고 생각했다가 야박함을 겪어 상처를 받으면 무조건 위해 주는 엄마에게 더욱 의존하려 한다.
- **소외나 따돌림을 당한 경우** : 사람과의 관계에서 소외되거나 두려워하여 자기 문제를 엄마가 해결해 주게 되면 인간관계를 넓히지 못하고 엄마가 구세주인 듯 의존하게 된다.
- **종속을 유지하려는 엄마의 심리** : 자식의 반항을 우려하여 말을 안 들으면 일부러 형제들 앞에서 엄하게 벌을 주는 강압적인 행동으로 자식의 기를 죽인다.
- **남편과 시댁의 영향** : 아들이 자기가 싫어하는 남편의 모습과 닮았다는 이유로 남편처럼 되면 안 된다는 생각에 자기 말을 따르는 자녀로 만들기도 한다. 또한 시댁의 분위기가 싫어 시댁 편에 가지 못하게 막고 내 편으로 두려고 한다.
- **아들이 결혼 후에도 주도권을 유지하려는 심리** : 아들이 결혼하면 며느리 편이 되어 자신이 소외될 것이라는 불안감으로 더욱 자신의 편에 두려고 집착한다. 이런 심리는 아들의 부부관계나 고부관계에서 풀기 어려운 상황을 만든다.

"마마보이 현상은 상식이나 세상의 규칙보다 엄마의 규칙을 우선적으로 따르게 하는 것이죠. 결과적으로 자녀는 스스로 결정하는 것에 자신감을 잃고 어머니에게 의지하기 때문에 성인이 되어서도 자신에 대한 신뢰감과 자존감이 낮아서 사회생활에도 적응하기 힘들어지게 되는 것이지요."

"우리가 대부분 알고 있는 내용이지만 정확하게 이해하게 된 것 같네요. 캥거루족에 대해서도 이야기해 보죠."

　캥거루족에 대해서는 솔미 엄마가 소개하기로 했다.

　"캥거루족은 성인이 되어서도 부모에게 얹혀살며 경제적 지원을 받는 자녀들을 일컫는 말이죠. 요즘 〈다 컸는데 안 나가요. 캥거루족의 리얼 라이프〉라는 TV 인기 프로도 있어요. 우리나라뿐만 아니라 다른 나라에서도 용어만 다를 뿐 존재한다는군요."

일본에서는 패러사이트 싱글(기생독신), 이탈리아에서는 큰 아기라는 뜻의 밤보치오니(bamboccioni), 캐나다에선 떠돌다 집으로 돌아왔다고 해서 부메랑 키즈, 영국에서는 부모의 퇴직연금을 축낸다고 하여 키퍼스(kippers), 프랑스는 코미디영화 제목을 딴 탕기(Tanguy), 미국이나 독일은 둥지에 눌러앉은 네스트 호커(Nesthocker)로 부른다. 또한 독립했다가 다

시사오늘(2022. 9. 4)

시 돌아와 얹혀사는 젊은이들을 '연어족', '리터루족'이라고 한다.

　"한 신문보도에 노후 대책 1순위는 '자녀의 경제적 독립'이라고 했더군요. 30~40대 캥거루족이 늘어나면서 노후 계획은 틀어지고 자식 뒷바라지에 경제적 · 정신적으로 지친다고 합니다. 그런데 부모가 지원해 줄수록 의존성은 더 커져서 노후 준비의 90%는 자녀의 독

립에 달려 있다고 하니 참 아이러니하죠."

"맞아요. 실제 제 친척 중에도 그런 사람이 있답니다. 아이들의 자생력을 길러 주는 것이 정말 중요한 문제인 것 같습니다."

참석자들은 앞으로도 자녀들의 자생력에 초점을 맞추어 의견들을 나누기로 하고, 가능하면 다음 주제를 이끌어 갈 사람을 정하되 유연하게 운영하기로 했다.

6

사람과 동물은 무엇이 다르지?

오늘은 나무 그늘이 좋은 야외 쉼터에서 사람과 동물의 차이에 대해 자유로운 대화를 했다. 5월의 오후는 정말 싱그러웠다. 마침 포럼에 처음 참석한 한 엄마가 TV에서 봤다며 동물의 세계 이야기를 꺼냈다.

"곰이나 다른 동물들이 어느 정도 자란 새끼들을 떠나보내는 장면이 눈물겨웠어요. 떠나면서도 자꾸 어미를 돌아보더군요."

새끼가 자라 덩치가 커져서 어미가 먹이를 잡아다 주기가 버거워지면 어미는 둥지에서 새끼를 내보내고 새끼는 힐끗힐끗 뒤를 돌아보며 떠나간다. 새끼들이 혼자 살아갈 수 있게 사냥하는 법을 가르쳤다고 하지만 왠지 눈물겨운 장면이다. 어미는 성장한 새끼와 함께 있으면 둘 다 살 수 없다는 것을 알고 있는 것이다. 새끼는 살아남기 위해 야생에서 자생의 길을 가야 한다.

"자연의 세계에서 동물들은 본능적으로 새끼를 품에서 놓을 줄 알죠. 그러나 인간 세상에서는 자식이 부모의 품을 떠나 독립을 하더라도 영영 이별이 아니라 늘 만날 수 있는데도 품에서 놓지 못하는 엄마 아빠들이 있죠. 성장한 자녀는 독립하고 부모도 놓을 줄 알아야 할 것 같아요. 그것이 자연의 질서에서 서로가 살 수 있는 길이기도 하고요."

남동생이 몸만 독립했지 부모님에게 여전히 의존적인 생활에 익숙해 있다며 부모님이 동물의 세계를 좀 참고했으면 좋겠다고 한 아빠가 덧붙여 말했다.

참석자들은 다음 모임부터는 자생력의 의미를 구체적으로 알아보고 교육이란 무엇인가에 대해 의견을 나누기로 하고 자리에서 일어섰다. 나무 위에서는 새들이 지저귄다. 마치 우리들의 이야기를 듣고 자기들은 마마보이가 없다며 좀 본받으라면서 다음 모임에도 와서 들어 보겠다는 것 같았다.

제2부

자생력 기르기를 위한
기본 인식

자생력의 뜻? 누구를 위한 것이지?

봄이 짙어지면서 꽃들이 피어나자, 포럼에도 생기가 더 돋았다. 오늘은 자생력의 의미를 살펴보기로 한 날이다. 주제 설명을 하기로 한 솔솔 엄마가 웃으며 나섰다.

"잘들 지내셨죠? 자료도 좀 찾아보았답니다. 자생력은 영어로 selfreliance가 가장 가까운 의미인 것 같아요. 네이버에서는 '스스로 살길을 찾아 살아 나가는 능력이나 힘'이라고 했고, 브런치 스토리 강성우 님은 '남에게 의지하지 않고 자신의 힘으로 문제를 해결하는 능력'인데, 남의 도움을 안 받거나 거절하는 것이 아니라 필요할 때 도움을 요청해서 받는 것도 자생력 행동으로 보고 있어요. 그러니까 자신이 가진 능력과 남의 도움을 모두 활용하여 주도적으로 살아가는 삶의 힘이라고 볼 수 있겠죠."

"정말 그런 것 같아요. 그런데 제 아이는 자기 힘은 안 쓰고 엄마 아빠의 힘을 99% 쓰는 재주가 뛰어난데 자생력이 좋은 건가요?"

한 엄마의 멘트에 참석자들은 '정말 능력자'라며 모두 웃었다.

"우리는 자녀들 자생력의 중요성에 모두 공감했는데, 그것은 왜 필요하며, 누구를 위한 것일까요?"

Q 선생의 문제 제기에 모두 잠시 생각하다가 자기 의견을 이야기했다.

"자녀의 성공과 행복을 위해서가 아닐까요?"

"가정의 행복을 위해서도 중요한 것 같아요."

"자녀가 스스로 잘 살아가면 부모가 편해지는 것도 이유가 될 것 같아요."

"그렇죠. 자녀들이 우선 중요하겠지만 부모를 위해서도 정말 중요하다고 생각해요. 아이들이 제대로 독립해 주어야 우리도 여유를 가지고 살 수 있지 않겠어요? 호호호."

"자녀의 성공과 행복이라고 했는데… 성공과 행복은 다른 것인가요?"

Q 선생의 새로운 질문에 엄마 한 사람이 조심스레 의견을 이야기했다.

"저는 오늘 처음 참석했는데… 성공은 지위나 재산처럼 좀 외적이고 객관적인 면 같고, 행복은 본인이 얼마나 만족하는지… 좀 주관적인 것 같아요. 그런데 성공하면 행복감이 높아지는 데 영향을 주지 않을까요?"

가만히 듣고 있던 솔미 아빠가 손을 들었다.

"맞는 말씀이라고 생각해요. 그런데 개인차가 있겠죠. 제가 다니는 회사에 입사 동기 두 분이 이사로 퇴직했는데, 한 분은 성공했다고 만족했지만 다른 한 분은 불만이 많았어요. 그래서 남들의 평가보다 본인의 만족 여부가 중요한 것 같아요."

모처럼 도도 엄마가 말을 이었다.

"드라마 〈스카이 캐슬〉에서 보니까 주인공인 예서 아빠는 우리나라 최고의 의대를 졸업해서 대학병원의 의사로 엄청난 연봉을 받는 부자인데도 자기 인생은 어머니의 꼭두각시로 행복하지 않았다며 원망하더군요. 남들의 부러움과 본인의 행복감은 좀 다르기도 하죠. Q 선생님은 어떻게 생각하세요?"

턱을 괴고 듣고 있던 Q 선생은 커피를 한 모금 마시고는 답했다.

"성공과 행복은 함께 걸어가는 친구나 연인 같다는 생각이 들어요. 서로 잘 맞으면 마주 보며 웃으며 걷고, 어긋나면 함께 걷지만 좀 떨어져서 서먹하게 걷는다고나 할까요… 그래서 저는 '행복한 성공'이라는 말을 즐겨 쓰곤 하죠. 제 친구들도 보면, 살아온 날들이 비슷한데도 불만인 친구도 있고, 이만하면 잘 살았다며 만족하는 친구도 있어요. 자기 눈높이와 관점을 잘 가져야 해요. 그리고 자기가 가진 것들의 소중함을 아는 것은 지혜로운 일인 것 같아요."

좀 더 의견들이 오간 후에 자생력은 자녀에게 먼저 중요하고, 부모와 가정에는 물론 건강한 사회를 위해서도 중요하다는 것임을 정리하며 솔솔이 엄마가 마무리를 지었다.

"조승연 작가와 그의 어머니 인터뷰 영상을 보았는데, 자녀에게 물려주고 싶은 단 한 가지가 있다면 그건 바로 자생력이고 했더군요. 그렇다면… 다음에는 자생력을 위한 교육의 의미에 대해 논의하면 좋을 것 같아요."

8

자생력과 교육의 의미는?

오늘은 비가 내려 주민센터 모임방에 모였다. 포럼이 좀 알려졌는
지 20여 명쯤 되었다. 처음 참석한다는 한 엄마는 간식을 가져와서
여러 접시에 내놓기도 했다. 오늘의 주제는 자생력 교육의 의미인데,
직장인으로 남들과 잘 어울리는 성격의 솔미 아빠가 진행을 맡았다.

"모두 반갑습니다. 우리 포럼을 축복하는 듯 봄비가 내리네요. 오
늘은 지난번보다 많은 분들이 참석하셨는데, 누구라도 자유롭게 의
견을 이야기해 주세요. 먼저 자생력을 갖춘 사람은 어떻게 살아가는
사람일까요? 먼저 그 이야기해 보면 좋겠어요."

"제가 생각해 본 바가 있는데, 먼저 이야기를 해도 될까요?"

한 엄마가 양해를 구하듯 하면서 의견을 말했다.

"자생력이란 세 가지 면에서의 독립이라고 생각해요."

모두 호기심 어린 표정으로 그 엄마를 바라보았다.

"먼저 정신적인 독립이죠. 성인이 되어 독립해서 살아가겠다는 마인드를 갖는 것이랍니다. 두 번째는 자생력의 핵심인 경제적인 독립입니다. 가령 남자의 경우 학교와 군복무를 마치면 취업이나 사업을 통해 경제적 자립을 하는 것이 중요합니다. 결혼하면 초기에는 부모님의 도움이 좀 필요할 수도 있겠지만 가능한 한 빨리 자립해야죠. 세 번째로는 생활의 독립인데, 부모님의 생활과 분리한 거처를 마련하여 자기 일정을 중심으로 살아가는 것을 말합니다."

이야기가 끝나자 많은 참석자가 공감했고, 이어 한 아빠가 자율성을 글자로 풀었다.

"의미 있는 말씀 잘 들었습니다. 자생력은 자율성과 비슷한 것 같아요. 자율성이 영어로는 Autonomy인데, 자신이라는 뜻의 Auto와 다스림이라는 뜻의 nomy의 합성어죠. 한자로도 자율(自律)은 스스로 自와 다스릴 律의 합성어이니 같은 뜻이겠지요."

몇몇 참석자들의 의견을 더 듣고 솔미 아빠가 정리했다.

"좋은 의견들 감사합니다. 자생력은 '정신적으로 독립 의지를 가지고 경제적으로 자립하여 스스로 생활 영역을 만들어 가는 모습'인 것 같아요. 우리 아이들이 그렇게 자랐으면 좋겠어요."

모임방 밖에는 창으로 포럼을 들여다보는 사람들도 있고, 조용히 들어와 앉는 사람도 있었다.

솔미 아빠가 물을 한 모금 마시고는 말을 이었다.

"그럼, 자생력 교육에 대해 논의해 보죠. 교육부 자료를 찾아봤는데,

교육의 근본 목적은 '미래를 살아갈 힘을 키우는 것'이라고 하면서 창의성과 인성의 함양을 강조하고 있어요. 창의는 '새로운 가치를 창출하는 능력'이고, 인성은 '더불어 살 줄 아는 품성'이라는 것입니다. 혹시 Q 선생님, 추가적인 설명을 해 주실 수 있나요?"

솔미 아빠의 청에 Q 선생은 뒤에서 조용히 메모하던 종이에서 눈을 떼어 입을 열었다.

"네, 논의에 동참한다는 뜻에서 간단히 덧붙일게요. 창의와 인성은 인생이라는 수레를 잘 굴러가게 하는 두 바퀴라고 할 수 있을 것 같아요. 저는 교육의 의미를 조금 말씀드리죠."

Q 선생은 화이트보드에 '교육(敎育)=교(敎)+육(育)'이라고 쓰고 설명을 이어 나갔다.

"교육(敎育)은 '가르친다.'는 뜻의 교(敎)와 '기른다.'는 뜻 육(育)의 합성어입니다. 그러니까 무언가를 가르치고 기른다는 것인데, 그것을 안다면 아이들 교육에 도움이 될 것이라고 생각해요."

"그렇군요. '교육이 교와 육의 합성어'라는 사실은 처음 들었어요."

"가르친다는 것은 지식이나 기술적인 부분들에, 그리고 기른다는 것은 품성이나 정신적인 부분들에 더 관련이 많죠. 가령 수학이나 역사적 지식과 같은 내용은 가르치는 부분이 더 강하고, 용기나 도덕성 같은 덕목은 실천해야 가치가 있는 길러야 하는 부문이죠."

"이해가 될 듯한데… 예를 들어 설명해 주시면 좋겠네요."

한 엄마가 고개를 갸우뚱하며 말했다.

"이런 예를 들어 볼까요? 어떤 학생이 가르치는 대로 학습을 잘하여 공부를 잘합니다. 그런데 중요한 시험만 보면 지나치게 긴장하고 불안해서 아는 답도 제대로 못 써서 망치곤 합니다. 여러분이나 주위에 이런 경험들이 혹시 없나요?"

여러 참석자가 고개를 끄덕이자 Q 선생은 설명을 이어 갔다.

"왜 그럴까요? 아마도 침착성이 떨어지거나 담력이 약할지도 모르죠. 침착성이나 담력은 공부를 잘하는 것과는 또 다른 역량입니다. 두뇌가 뛰어난 사람이 도덕성을 기르지 않으면 지능적인 사기꾼이 될 수 있습니다. 우리 아이들이 어떤 사람이 되기를 바라나요?"

"아, 네. 이해가 좀 되었습니다."

"정신적 품성의 예를 누가 좀 더 이야기해 주실까요?"

Q 선생의 요청에 도도 엄마가 손을 들었다.

"협동심이나 겸손, 친화력이나 끈기도 예가 될 수 있을 것 같아요."

"네, 그렇죠. 용기, 도덕성, 집념, 배려심, 모험심, 주도성, 협동심, 열정, 성실성, 성취욕구, 결단력, 추진력, 적응력, 집중력, 포용력, 회복탄력성 등 많은 예를 들 수 있습니다. 그런데 이런 품성들이 수업 시간에 가르쳐서 길러질 수 있을까요?"

"그 품성들의 뜻이 무엇인지는 학습하면 이해는 하겠지만, 실천 능력이 길러지는 건 아닐 것 같다는 생각이 드는군요."

"공부를 잘하는 학생이 반장이 되었는데, 결단력이 부족하여 결정 장애를 겪고 친화력과 포용력이 부족하여 자꾸 불화를 일으킨다면 품성이나 정신력의 문제인 것 같습니다. Q 선생님 말씀을 듣고 보니 현재의 교육은 성적을 위한 교(敎)에 편중되지 않았나… 그래서 정신력이나 마인드의 힘을 기르는 육(育)의 문제에 좀 더 관심을 기울여야 한다는 생각이 번쩍 드는군요.”

“아, 저도 좀 이해가 되는군요. 그런데 자생력과는 어떤 관계가 있는 건가요?”

오늘 처음 다과를 가지고 참석한 엄마가 질문했다.

“‘인생은 성적순이 아니다.’라는 말이 있죠. 학교에서는 성적이 중요하지만, 사회생활에서는 품성이나 다른 능력이 더 중요하다는 뜻이겠지요. 만일 여러분의 자녀들이 성적은 좋은데 정신적 품성이 약하다면 인생을 자기주도적으로 살아갈 수 있을까요?”

“아, 분명히 알 것 같군요. 그러면 정신적인 품성을 어떻게 기르는가가 문제이겠군요?”

“그렇죠. ‘가르치는 내용’은 주로 지식과 기술이죠. 지식이 쌓이면서 창의력, 논리, 추론, 탐구력, 판단력 등이 함께 좋아집니다. 한편 ‘기르는 내용’은 주로 정신적인 능력에 해당하여 공부만으로는 기르기가 어렵습니다.”

좀 더 토의를 하고 싶었지만, 저녁 시간이 되어 포럼의 매듭을 지었다. 학교는 물론 가정에서도 교(教)는 물론 육(育)에도 관심을 기울여야 한다는 것에 공감한 시간이었다. 자녀 교육이란 사회 생태계에서 스스로 살아갈 수 있는 자생력을 길러 주는 것, 그것을 새롭게 인식한 하루였다.

9

아이는 콩이랍니다

솔솔 엄마가 어느 책에서 '교육은 콩나물 기르기와 같다.'는 내용을 본 적이 있다며 오늘 마이크를 잡았다. 사실 지난번 모임이 끝날 때 솔솔이 엄마가 발표를 예약했었다.

"책에 이런 내용이 있더군요. 학교에서 많이 배웠는데 졸업할 때는 거의 기억나지 않고, 많은 과목을 공부했는데 살아가는 데 무슨 쓸모가 있을까 의문이 든다는 내용이었어요."

"사실 저도 그랬어요. 지금도 학교에서 배운 어떤 과목의 내용들은 실제 써먹는 일이 별로 없는 것 같아요. 아마 책에서는 그런 생각을 바꾸려고 하지 않나 그런 생각이 드네요."

한 엄마가 동의한다는 뜻과 책의 의도까지 짐작하여 말했다.

"맞아요. 그러니까 학생들을 콩으로 생각하라고 합니다. 구멍이

난 시루에 콩을 담아 하루에 몇 번씩 물을 주면 물은 빠지지만 콩에서 싹이 나와 신기하게 콩나물로 자란다는 것입니다. 콩은 물에서 수분과 필요한 양분을 흡수하고 나머지 물은 버린다는 것이죠. 아이들도 음식에서 필요한 영양분을 흡수한 후 배설하며 성장하죠. 영양분은 눈에 보이지는 않아도 몸속 어딘가에 쓰이죠. 모든 생명체가 그렇게 생명을 이어 가며 성장하는데, 먹기만 하고 배설하지 못하면 죽음에 이르듯 시루의 콩도 물이 빠지지 않으면 썩게 됩니다."

"그렇군요. 그런데 교육과 어떤 관련이 있는 거죠?"

"교육도 콩이라는 아이에게 물을 주는 것과 같다고 보는 것입니다. 학습한 내용은 뇌와 몸의 어딘가 사용하고 저장해 놓겠죠. 기억나지 않는다고 하여 학습 효과가 없는 것이 아니라 배운 만큼 성장하고 있고, 쓸모없는 것처럼 보이지만 판단력이나 창의성 등 어딘가에 도움이 되도록 작용하고 있는 것입니다. 그래서 콩처럼 배움의 물을 흠뻑 맞아야 지식과 성장의 영양이 풍부해지는 것이죠."

"그렇군요. 중요한 문제를 이해할 수 있어 기쁩니다. 그러면 아이들을 건강한 콩나물로 자라나게 하는 방법을 좀 더 토의하면 좋겠군요."

그 문제는 학원 선생님으로 일하면서 교육 지식이 풍부한 미미 아빠가 의견을 발표하기로 하고 잠시 커피 타임을 가지기로 했다.

10

사람의 세 가지 힘 : 체력, 지력, 심력

미미 아빠는 사람이 갖추어야 할 힘을 세 가지로 나누어 볼 수 있다며 마이크를 잡자, 참석자들은 궁금한 표정으로 관심을 기울인다.

"사람의 힘을 체력(體力)과 지력(知力), 심력(心力), 즉 신체의 힘, 두뇌의 힘, 마음의 힘으로 나누어 보겠습니다. 페스탈로치의 삼육론(신체, 머리, 가슴)과 비슷하죠. 먼저 체력은 모든 활동의 기초이죠. 체력이 약하면 공부나 다른 활동도 제대로 할 수 없잖아요? 체력을 기르는 법은 가르칠 수는 있지만 대신 길러 줄 수 없고, 자신이 운동 등을 통해 길러야 합니다."

"대신 길러 줄 수 없다는 말이 강렬하게 가슴에 다가오네요."

"두 번째, 지적인 능력은 '아는 것이 힘이다.'라는 명언이 그 중요성을 말해 주고 있지요. 사실 저는 '아는 것이 힘의 바탕이다.'라고 생각하지만요. 세 번째로 심력은 정신적 품성이나 마음의 근력과 같은 것입니다. 물론 모두 뇌의 작용이지만 가슴에서 우러나오는 힘으로 표현해 보았습니다. 지난번에 이야기했던 용기, 배려, 공감력, 포용력, 친화력, 회복탄력성, 끈기, 결단력과 같은 힘이죠."

"사회생활을 해 보니 머리 좋은 것보다 마음의 힘이 강한 것이 더 중요하다고 느낄 때가 많습니다. 현실의 예를 들어 설명해 주실 수 있나요?"

다소 망설이던 한 아빠가 묻자 잠시 생각을 정리한 미미 아빠가 설명을 이어 나갔다.

"이렇게 생각해 보죠. 일이 잘 안 풀릴 때 스트레스를 많이 받는 사람이 있고 덜 받는 사람이 있죠? 짜증 내고 불평하면서 일은 제대로 못 하는 사람이 있고, 차분하게 원인을 찾아 해결 방향을 찾는 사람이 있습니다. 또 다른 예로, 남들의 무시나 거슬리는 말에 마음의 상처를 잘 받아 힘들어하는 사람도 있고, 슬기롭게 대처하여 상처받지 않도록 자신을 보호하는 사람도 있죠. 시험만 보면 심리적 압박감에 망치는 학생이 있고, 차분하게 잘 보는 학생도 있죠. 누가 더 마음의 힘이 강할까요? 유리 멘탈과 강철 멘탈이라는 말이 의미하듯, 스트레스나 마음의 상처를 덜 받고 자신을 소중하게 지키면서 잘 대처하는 능력이 마음의 힘입니다. 마음의 힘이 강하지 않으면 머리의 힘이 제대로 발휘되지 못한다는 사실을 알아야 합니다."

"네. 사실 저는 집념과 끈기가 약해 포기도 잘하고 남의 이야기에 너무 민감하여 스트레스와 상처를 잘 받는 편이거든요. 오늘 느낀 바가 많네요."

"누구나 완벽할 순 없죠. 자신을 잘 알고 지혜롭게 노력하면 멘탈이 점차 강해질 수 있다고 생각합니다. 그리고 우리 아이들은 어떻게 자라면 좋을까요?"

"물론 세 힘을 잘 갖추는 것이겠죠. 특히 오늘 마음의 힘이 중요하다는 것을 새롭게 느꼈습니다."

"그렇지요. 특히 자생력이 강하려면 체력 및 지적인 능력과 함께 마음의 힘을 길러야 합니다. 멘탈을 강화하는 방법에 대해서도 토의하는 기회가 있었으면 좋겠네요."

오늘 포럼을 마치며, 솔솔 엄마의 콩나물 이야기와 미미 아빠의 세 가지 힘은 좋은 참고가 될 것이라는 생각이 들었다.

자생력 성장에 영향을 주는 요인들은?

　푸르게 자라고 있는 나무들 풍경이 놀이터에서 신나게 놀고 있는 우리 아이들의 모습과 잘 어울렸다. 푸르게 푸르게 자라기를….

　오늘은 대학에서 리더십을 강의하는 도도 아빠의 친구를 초빙한 날이다. 훤칠한 키와 흰 얼굴에 검은 뿔테 안경이 묘하게 잘 어울렸다.

　"반갑습니다. 아이들의 자생력 성장에 영향을 주는 요인들에 대해 친구의 요청을 받고 저도 아이를 키우는 입장이라 흥미가 생겨 오게 되었습니다."

　"네. 와 주셔서 고맙습니다."

　도도 엄마가 연단 테이블에 생수 한 병을 올려놓으며 인사를 했다.

　"포럼에 도움이 되면 좋을 텐데… 우선 요점만 간단하게 설명을 드리겠습니다. 대체로 다섯 가지 요인으로 나누어 볼 수 있을 것 같아요. 첫 번째로 유전적 기질이 기본적인 영향을 준다고 생각해요. 사람마다 물려받는 DNA가 있잖아요? 가령 집념이나 모험심, 성실성 등 집안의 강한 유전적 기질들이 영향을 주죠.

두 번째는 성장환경의 영향입니다. 자생력도 하나의 습관입니다. 가령 모험이나 도전적 경험을 용인하는 가정과 못 하게 하는 가정, 자기 의견 표현을 허용하는 가정과 억제하는 가정을 비교해 본다면 쉽게 알 수 있겠죠. 또한 자기관리 습관을 갖게 하는 가정에서 자생력은 훨씬 잘 길러지겠죠, 세 살 버릇 여든까지 간다는 말도 있잖아요?

세 번째로 교육 훈련의 영향입니다. 어린이집이나 유치원부터 학교 및 학원 등에서의 교육이 영향을 줍니다. 자기주도 학습, 자기관리 교육, 훌륭한 사람들의 위인전이나 자서전 읽기 등은 자생력에 도움이 되겠죠. 생텍쥐페리가 『어린 왕자』에서 "항해를 하고 싶은 아이에게는 바다에 대한 동경심을 심어 주어야 한다."고 했던 것도 교육의 좋은 지침입니다.

네 번째로 리더나 주도적 역할 경험이 자생력에 영향을 줍니다. 학교에서 반장과 같은 직책뿐만 아니라 놀이나 과제 팀의 리더나 주도 경험, 가족여행에서 리드해 보도록 하는 일, 인간관계의 주도성 등은 자생력 성장에 도움이 됩니다.

마지막으로 자기 노력입니다. 체력 단련, 목표 설정과 계획적 생활 관리, 스피치 연습, 리더십 프로그램 참여 등은 긍정적 영향을 줍니다."

설명이 끝나자 처음 참석했다는 한 아빠가 수줍은 자세로 자신의 경험을 소개했다. 어렸을 때부터 자신의 의견을 말하기라도 하면 부모님이 버릇없다고 하여 말수가 적어졌고, 애가 뭘 아냐며 자기의 일도 부모님이 결정하는 대로 따라야 했으며, 초등학교 시절부터 반장 같은 책임자 역할을 맡아 본 적이 없어서 어떤 결정이든 어려움을 겪고 있다고 털어놓았다. 자녀가 초등학생이라며 그런 성장환경을 겪지 않게 하겠다고 각오를 말하자 참석자들은 박수로 그를 격려했다.

한편, 라라 엄마는 남편의 사례를 소개했다. 어릴 때부터 부모님이 가족 행사나 여행할 때도 계획을 세워 보도록 격려했고, 자기관리 목록을 만들어 자율 습관을 길렀으며, 군 생활도 장교를 지원하여 리더십과 책임감을 경험하며 자생력을 기르는 데 도움이 되었다는 것이다.

우리는 특히 가정에서 자생력에 도움이 되도록 성장환경을 만들어 주는 것이 부모로서 중요한 일임에 공감하고 방법들은 앞으로 더 의논하기로 했다.

12

인간 본성? 어떻게 봐야 하지?

비 내리는 초여름, 포럼은 꾸준히 지속되고 있었다. 인간의 본성 (human nature)이란 무엇인가? 우선적인 이해가 필요하다는 라라 엄마의 의견에 공감하여 주제로 선정했었다.

"인간의 본성은 어떤 것일까요? 그걸 먼저 좀 알면 아이들 교육에도 좋은 참고가 될 것 같아서요."

라라 엄마가 교육대학 재학 시절 교육심리학을 공부하면서 인상 깊었다며 주제를 제기했고 설명자를 자청했다.

"반갑습니다. 제가 외람되게 자청하여 이 자리에 서게 되었네요. 옛날 학습자료를 들춰 보며 다시 공부를 좀 했답니다. 인간의 본성에 대한 동서양의 여러 관점 중에서 성선설, 성악설, 본능설, 백지설, 성숙설 등 다섯 가지를 간략히 소개할까 합니다. 먼저 여러분은 아이들의 본성이 착하다고 생각하시나요? 아니면 악한 성질을 가지고 있다고 생각하시나요?"

"그야 당연히 착하지 않나요?"

참석자들의 답변에 잠시 뜸을 들인 후 라라 엄마는 설명을 이어 갔다.

"정말 그럴까요? 아이들도 친구를 해코지하거나 물건을 훔치는 나쁜 행동을 하는 경우도 있지 않나요? 그런데 인간은 태어날 때부터 본성적으로 착한 존재라고 생각하는 것이 성선설(性善說)이죠. 그러므로 거짓말이나 도둑질처럼 악(惡)한 행위는 성장 과정에서 오염되어 나타나는 것으로 해석하죠.

루소는 『에밀』에서 '인간은 착한 성품을 지니고 태어나지만 오염된 학습을 함으로써 악한 성향을 가지게 된다.'라고 했죠. 그래서 교육이란 선한 본성을 유지하고 타락을 예방하는 것이어서 선행을 장려하고 잘못에 대해서는 관용과 사랑으로 반성하도록 키워야 한다고 주장합니다. 자신을 사랑하고 신뢰하면서 성장할 수 있는 환경을 만들어 주어야 한다는 것이지요."

"그러면 성악설은 성선설의 반대로 인간의 본성을 보는 것이겠군요?"

"그렇죠. 성악설(性惡說)은 인간은 원래 악한 본성과 충동을 지닌 존재라고 보는 관점입니다. 남들이 희생되고 규범을 어기더라도 자기 이익을 우선하려 합니다. 그래서 교육이란 악한 본성을 억제할 의지력을 키우는 것으로 보아 성장 과정부터 훈계, 규율, 통제, 체벌과 같은 강제적이고 엄한 훈육이 사용됩니다. 지금은 그런 인식이 많이 완화되었죠."

"그러면 성악설이라는 관점은 앞으로 없애야겠군요. 그렇지 않나요?"

"글쎄요···. 성악설이 아니라 악한 본성을 없애야 하는데···. 동서양에서 국가와 종교에서도 수천 년간 악한 행동을 처벌하고 교화하려고 했는데도 없애지 못했는데···. 가능할까요?"

선과 악의 공존

세상을 쓸어버리는 40여 일간 대홍수가 있었다. 노아는 큰 방주를 만들어 모든 창조물의 한 쌍씩을 새로운 세상으로 옮기라는 신의 사명을 받았다. 평소 악(惡)을 미워하던 선(善)이 이 소식을 듣고 노아를 찾아가 태워 달라고 요청했다.

노아는 거절했다. 짝이 없었기 때문이다. "노아 님, 악은 정말 나쁜 놈이거든요. 이번 기회에 영원히 떼어 버려야 합니다." 잠자코 듣던 노아는 기도를 올린 후 말했다. "안 된다. 네가 선인 것은 악이 있기 때문이다. 악이 없으면 그 순간 선도 존재할 수 없는 것이다." 빛과 그림자를 뗄 수 없듯이... 선은 악을 찾아 데리고 와서야 방주를 탈 수 있었다. 새로운 세상에서도 선과 악은 여전히 함께 있는 것이다.

- 탈무드 -

"성선설과 성악설은 쉽게 이해되는데 본능설이 궁금하군요."

"네. 본능설은 인간은 선이나 악보다 본능에 의해 행동한다는 견해입니다. 본능이란 생존, 욕심, 증오, 호기심, 경쟁심, 질투, 동정, 공포, 지배, 모(부)성애, 배고픔, 생리적 욕구 같은 것이죠. 찰스 다윈은 인간이란 동물과 뚜렷한 구별이 없는 생물학적 존재라고 했죠. 동물들이 본능과 감각으로 살아가듯 인간도 유사해서 가령 폭력은 지배 욕구에서, 친구에 대한 악평은 증오나 질투심에서, 성폭력은 성적 욕구라는 본능에 의해 일어나는 행동이라고 보는 것이지요. 그래서 교육이란 솔선수범, 모범, 도덕적 각성을 가르치고, 나쁜 본능 표출을 제약하는 것입니다."

"본능은 죽을 때까지 사라지지 않을 텐데, 참 어려운 문제겠군요."

"그렇죠. 교육방법도 나쁜 본능을 강압적으로 억제시키는 엄격한 훈육이나 강제, 강한 체벌 등 성악설에 가까운 방법들이 많이 사용되어왔죠. 다음으로 백지설이란 인간이 태어날 때는 백지와 같은데, 살면서 그림이 그려지는 존재라는 것입니다. 인간 본성은 물과 같아서 동쪽으로 물길을 트면 동으로, 서쪽으로 물길을 트면 서쪽으로 흐르듯이 선과 악도 외부 영향의 결과라는 거죠. 그러므로 교육은 우리 속담에 '콩 심은 데 콩 나고 팥 심은 데 팥 난다.'고 했듯이 어릴 때부터 무엇을 심느냐가 중요하다고 보는 것이지요."

"정말 부모의 언행들이 아이들의 인생 그림이 된다는 생각을 다시 하게 되네요. 정신이 번쩍 드는 느낌입니다."

"그렇죠? 마지막으로 성숙설이란 어릴 때는 미성숙하지만 성장하면서 성숙해진다는 관점입니다. 미성숙한 상태는 수동적이고 의존적인 태도, 독선적이고 남을 무시하는 언행, 정서적 불안 및 변덕스러움, 옳고 그름을 분간하지 못하는 언행, 단기적인 안목, 미숙한 판단력과 같은 것이죠. 반면에 성숙한 상태는 능동적이고 자율적인 태도,

남을 존중하는 언행, 정서적 안정, 옳고 그름의 분간, 장기적인 안목, 상황에 맞는 판단력과 같은 것입니다. 그래서 나쁜 언행들은 본성이 나빠서가 아니라 미성숙하기 때문에 발생한다고 봅니다. 그러므로 교육이란 사람을 성숙한 상태로 변화시키는 과정으로, 인성 교육, 비전 캠프, 전인 교육 프로그램, 자율적 성찰의 기회 제공 등을 통해 성숙을 도와주어야 한다고 보죠."

참석자들이 고개를 끄덕이며 박수도 치며 공감했다. 솔미 엄마가 질문했다.

"정말 저 자신도 들여다볼 수 있는 유익한 내용이었어요. 감사합니다. 그런데 자녀 교육과 어떤 연관이 있나요?"

"네. 사실 사람들마다 비중이 다르겠지만 어떤 관점을 더 강하게 가지는 경향이 있습니다. 가령 어떤 아이가 다른 아이의 과자를 빼앗았다고 가정해 보죠. 빼앗은 아이의 행동 원인은 무엇이라고 이야기할 수 있을까요?"

여러 참석자들이 다양한 의견을 이야기하자 라라 엄마는 보드에 다섯 가지로 정리하여 적었다.

A. "아마 나누어 먹어야 할 과자를 혼자 먹으려 하니까 말리려고 그랬던 것 같아요."
B. "뺏어 먹는 건 나쁜 심보예요. 단단히 혼을 내서 다시는 그러지 못하게 해야 해요."
C. "배가 고파 자기도 모르게 그랬나 봐요. 그래도 빼앗지 말고 참았어야지요."
D. "배고플 땐 조금 빼앗아 먹어도 된다고 애 아빠가 그랬대요. 아이가 뭘 알겠어

요? 부모가 시킨 대로 하겠지요."

E. "아이는 그게 나쁜 행동인지를 잘 몰라요. 좋은 행동과 나쁜 행동이 뭔지 좀 가르쳐 줘야지요."

"제가 적은 다섯 가지를 인간 본성 관점과 견주어 보면 어떨까요?" 라라 엄마가 솔미 엄마에게 요청했다.

"네, A는 과자를 빼앗은 아이의 행동에 나름 선한 이유가 있다고 보아 성선설, B는 아이의 심성을 나쁘게 보는 것이므로 성악설, C는 배고픔이 이유라고 생각하므로 본능설, D는 아이가 배운 대로 한 행동이므로 백지설, E는 빼앗는 행동이 나쁜 것인지를 모르고 있으므로 성숙설과 연결되는 것 같군요."

"여러분은 어떠세요? 솔미 엄마가 정확하게 말씀하셨죠. 그래서 인간관은 선입견과 비슷해서 성선설의 관점을 가진 사람이라면 A처럼 생각할 것이고, 성악설의 입장이라면 B처럼 생각하겠죠? 그러니까 부모들은 자신의 관점을 먼저 알고 아이를 대하는 방식을 판단하는 것이 필요하다고 봅니다."

"아. 좀 이해가 되는 것 같습니다. 그런데 자녀들의 자생력과는 어떻게 관계가 되는지요?"

"네. 우리 포럼과 관련한 이슈인데… 이런 예를 들어 보죠. 가령 아이가 말을 잘 안 듣고 친구들과 자꾸 다툰다고 합시다. 만일 성악설 관점의 부모라면 나쁜 행동이라고 단정하여 아이를 혼낼 가능성이 높겠죠. 그런데 아이가 미성숙해서 그런 것으로 생각한다면, 올바르고 성숙한 행동을 가르칠 가능성이 클 것입니다. 어떤 관점이든 부모는 선입관을 가지고 아이를 대하는 경우가 많습니다. 중요한 것은 부모의 행동으로 아이가 어떤 영향을 받게 될지 생각해야 한다는 점입니다. 그래서 아이의 행동 이유를 먼저 확인하고 차후에 올바른 행동을 하는 자생력에 도움이 되도록 부모의 지도 안목에 인간 본성의 이해는 필요한 것입니다."

"아, 네. 어느 정도 이해가 되었습니다. 집에 가면 오늘 내용을 좀 더 차분하게 되짚어 보아야겠어요."

부모는 누구나 될 수 있어도 좋은 부모는 누구나 될 수 없다는 것을 깊이 느낀 하루였다. 결혼하여 아이를 낳으면서 좋은 부모가 되겠다는 생각은 했었지만 우리는 필요한 공부를 얼마나 하고 있는 것일까?

자기 삶의 주인공!
하늘은 스스로 돕는 자를 돕는다

"안녕하세요. 오늘 처음 참석해서 인사드립니다."

처음 모임에 나온 미미의 학교 친구 엄마가 집에서 만들었다며 과자를 테이블마다 올려놓았다. 초록 치마와 물방울무늬의 흰 셔츠가 잘 어울렸다.

"잘 나오셨어요. 환영합니다."

"감사합니다. 오늘 하늘은 스스로 돕는 사람을 돕는다는 이야기를 나눈다고 하는데, 평소 그 의미가 궁금했어요."

"네. 도도 아빠가 오늘 주제에 멘트를 해 주시기로 했어요."

도도 아빠는 커피를 한 모금 마시고는 고개를 끄덕이며 앞으로 나섰다.

"모두 잘 지내셨지요? 얼마 전 자기계발에 관한 세미나에 참석하였는데 강사님이 이런 질문을 하더군요. 형편이 어려운 두 친구 A와 B가 있었는데, 그들의 친구 C가 A와 B를 경제적으로 도왔답니다. 그런데 A는 고마워하며 자립하려고 애를 쓴 반면, B는 도움받은 돈으로 술 마시고 노는 데 썼다고 합니다. 두 친구가 다시 좀 더 도와 달라고 했을 때 당신은 누구를 돕고 싶을까요? 당시 그 질문에 모두 대답을 주저했어요. 답이 너무 당연했으니까요. 강사님도 '너무 당연하죠?'라고 하면서 스스로 돕는다는 간단한 예라고 하더군요."

"이야기의 전부인가요?"

"물론 아니죠. '공부할 태도가 되어 있으면 스승은 나타나기 마련이다.'라는 말이 있어요. 눈과 귀가 멀고 언어 장애자인 헬렌 켈러가 스스로를 포기했다면? 그녀는 자신의 장애를 인정하고 배우려 했기 때문에 설리번 같은 선생님이 나타났다고 볼 수 있습니다. 의사들의 이야기를 들어 보면, 환자가 자기 생명을 소중히 여기고 치유 의지를 가질 때 치료 효과가 더 좋아진다고 하더군요. 아마 치유의 주체가 환자 본인이고 의사도 치료를 돕는 사람이 아닐까 하는 생각이 들었어요."

"헬렌 켈러와 설리번 선생님은 정말 많은 감동을 주신 분들이죠. 저도 비슷한 글을 읽은 적이 있어요."

평소 말수가 적은 솔솔 엄마가 모처럼 대화에 참여했다.

"사람들이 누군가를 포기할 때는 이미 그가 스스로를 포기한 이후이다.'라는 어떤 글을 보고 정신이 번쩍 든 적이 있었어요. 실패한 사람들의 특징의 하나가 남들이 자기를 무시한다고 생각하는 것인데,

사실은 자신이 먼저 자기 인생을 무시하고 있다는 것을 깨우치지 못하고 있다고 합니다. 자기 인생을 소홀히 생각하면 남들도 하찮게 여기게 된다면서요. 그래서 하늘의 도움을 받고자 한다면 먼저 자신의 인생을 소중하게 여겨 스스로를 돕는 태도가 중요하다는 것이었어요. 그것이 자신이 인생의 주인공이 되는 길이기도 하고요."

"그렇군요. 그럼 부모는 어떻게 해야 하죠?"

오늘 처음 참석한 물방울무늬 옷의 엄마가 물었을 때, 도도 아빠가 Q 선생에게 혹시 이에 대해 말씀해 주실 수 있으냐고 물었다.

"지금까지 설명이 된 것 같은데…. 스스로를 돕는 태도는 자생력의 기본이라고 볼 수 있겠지요. 그래서 아이에게 롤 모델이 되는 부모부터 스스로를 돕는 생활을 하면서 아이도 그렇게 커 가도록 가르치는 역할을 해야 하지 않을까요? 부모도 아이를 도와줄 수 있지만 대신 살아 줄 수는 없지 않겠습니까? 구체적인 방법들은 계속 의논해 가면 될 것 같군요."

참석자들은 부모도 아이의 성장을 돕는 조력자이며, 주체는 아이 본인이라는 것을 다시 마음에 새겼다.

14

아이의 에너지! 외부 동력과 내면 동력

곳곳에 꽃이 활짝 피었다. 어떤 힘이 저토록 아름답게 꽃들을 피워 낼까…. 우리 아이들도 잘 피어났으면…. 오늘은 인생의 동력(動力)에 대해 의견을 나누었다. 자동차도 연료가 있어야 엔진이 작동하듯이 사람도 삶에 에너지가 필요한 법이다.

오늘 주제를 내고 발표자로 나선 사람은 기업의 팀장인 솔미 아빠였다. 성격이 원만하고 쾌활하여 이웃들과도 잘 어울린다.

"반갑습니다. 회사에서 관리자 교육이 있었는데, 상식적이기는 하지만 아이들의 교육에도 참고하면 좋을 것 같아서요."

"어떤 내용이었는데요?"

"네. 기업에서 직원들의 동기를 활성화시키는 내용이었어요. 동기는 직원들이 열심히 일하도록 하는 동력인데, 타인이 부여하는 외부 동력과 스스로 힘을 내는 내면 동력으로 설명하더군요."

"외부 동력과 내면 동력이라…. 좀 구체적인 설명이 필요할 것 같네요."

"먼저 내면 동력이란 일에 대한 흥미, 유능한 사람이 되고 싶은 의지, 일의 보람, 경쟁심, 성취 욕구, 도전 정신과 같은 것이죠. 내면 에너지가 강한 사람은 상급자가 시키거나 감독하지 않아도 자기 에너지로 열심히 하죠. 한편, 외부 동력의 가장 대표적인 예는 칭찬과 인정, 그리고 보상이나 승진 같은 것이죠."

"으음, 사실 다들 알고 있는 내용이 아닌가요?"

모처럼 참석한 솔솔 아빠가 약간 시니컬한 어투로 말했다.

"그렇죠. 그런데 저의 관심 포인트는 아이들의 자생력과의 관계였는데, 내면 동력이 아이들의 자생력 개발에 중요하다는 생각을 하게 되었습니다."

"관심 포인트를 들으니 궁금해지네요."

"그러니까… 내면 에너지가 강한 아이들은 공부나 놀이에 몰입할 때 보면 누가 시키거나 칭찬을 하지 않아도 열심히 하죠. 공부도 흥미나 미래에 꿈과 관련되어 있으면 스스로 열심히 하게 된다는 것이죠."

"그렇기는 한데 흥미나 재미가 없어도 해야 하는 일들이 있잖아요?"

"물로 흥미 없는 숙제나 하기 싫은 방 정돈하기 같은 것이 그럴 수 있겠죠. 그런 경우에 필요한 것이 외부 동력입니다. 칭찬이나 적절한 벌칙 또는 갖고 싶어 하는 장난감을 사준다는 약속 등이 동기를 만드는 데 도움을 줄 수 있겠죠."

"어차피 두 가지 동력을 함께 활용할 수밖에 없겠군요."

"그렇죠. 제 생각으로는… 어린 시절에는 칭찬과 같은 외부 동력이 중요하지만, 모든 일마다 칭찬해 주고 어떤 보상을 해주어야 한다면 내면 동력이 약해질 수 있을 것 같아요. 어느 자료를 보니까 아이들이 커갈수록 칭찬이나 보상 같은 외부 동력 의존도를 낮추고 적성과 흥미, 성취의 기쁨, 도전에서 얻은 자신감과 같은 내면 에너지를 더 강화시키도록 권장하고 있더군요."

솔미 아빠는 북미 인디언 추장의 이야기를 소개하였는데, 추장이 어린 손자와 인간의 내면에서 일어나는 싸움에 관해 대화하는 내용이었다.

인디언 추장과 손자의 대화

"얘야, 우리 모두의 마음속에서는 늘 싸움이 벌어지고 있단다."

"어떤 싸움인데요?"

"두 늑대 간의 싸움이지. 한 마리는 나쁜 늑대인데 그놈이 가진 것은 분노, 질투, 슬픔, 후회, 탐욕, 거만, 회한, 열등감, 거짓, 자만심, 우월감, 그리고 이기심 같은 것이란다.

다른 한 마리는 좋은 늑대인데 그 녀석이 가진 것은 희망, 기쁨, 사랑, 소망, 인내심, 평온함, 겸손, 친절, 동정심, 아량, 진실, 그리고 믿음 같은 것이란다."

손자가 다시 묻는다.

"어떤 늑대가 이기나요?"

추장은 답했다.

"하하하!! 그야 먹이를 주는 놈이 이기지."

방루치 포럼

콩 심은 밭에서는 콩이 나고, 팥 심은 밭에서는 팥이 난다.

"아, 솔미 아빠의 이야기를 듣고 보니 우리 아이는 꼭 칭찬하고 선물 같은 것을 주지 않으면 잘하려 하지 않는데, 내면 에너지가 약한 것이군요. 문제가 있다고 생각했는데…. 오늘 좋은 참고가 되었어요."

참석자들은 내면의 에너지를 강화하는 것이 아이들의 자생력에 도움이 될 것이라는 의견에 공감했다. 솔솔 아빠는 집으로 가는 길에 평소 사람은 천성대로 산다고 생각했지만, 뭔가 새로운 생각도 필요한 것 같다는 느낌이 스쳤다.

15

줄탁동시, 병아리와 어미 닭의 함께 쪼기

오늘 모임에서는 '아이들의 자기관리 습관'이라는 주제를 발표하기로 한 도도 엄마가 회사 일 때문에 참석하지 못하여 다음으로 미루었다. 참석자끼리 일상 이야기를 나누다가 라라 엄마가 질문했다.

"Q 선생님, TV 교육프로그램에서 줄탁동시(啐啄同時)라는 말이 나오던데 무슨 뜻인가요?"

"네. 병아리가 알에서 나오려면 어미 닭과 안팎에서 함께 쪼아야 한다는 뜻이죠. '줄(啐)'은 새끼병아리가 밖으로 나오려고 안에서 껍질을 부리로 쫀다는 뜻이고, '탁(啄)'은 어미 닭이 알 속의 병아리가 쪼는 소리를 듣고 밖에서 쫀다는 뜻이죠. 그러니까 어미는 새끼가 알을 깨는 것을 도와주는데, 결국 알을 깨고 나오는 것은 병아리라는 것이 중요한 포인트입니다."

"아! 그렇군요. 세상을 깨우쳐 가는 것은 아이이고 부모는 그것을 돕는 사람이라는 뜻이군요."

"그렇습니다. 병아리는 아직 준비가 안 되어 있는데, 성급한 어미 닭이 밖에서 먼저 쪼는 것은 마치 엄마가 어린아이를 조급한 마음으로 학원에 보내는 것과 비슷한 겁니다. 그래서 도와준다는 것의 의미를 잘 분별해야 합니다. 자칫 대신해 주는 형상이 될 수도 있거든요."

"그런데… 선생님, 카프만 부인이 쓴 『광야의 샘』 이야기가 생각나는데요. 우연히 누에고치들이 안간힘을 쓰며 작은 구멍으로 비비고 나와 나방이 되어 날아오르는 것을 보았는데, 그 모습이 너무 안쓰러워 고치가 잘 빠져나오도록 가위로 구멍을 넓혀 준 이야기가 있잖아요?"

"그렇죠. 중요한 교훈이 있는 이야기죠?"

"네. 나방은 쉽게 나오긴 했는데 공중으로 몇 번 솟구치다가 결국 땅바닥에서만 맴돌 뿐 날지 못하잖아요? 나방은 고통스럽지만 힘을 써서 작은 구멍을 통해 나오는 과정에서 날개에 힘이 생기지요. 그런데 어미 닭이 껍질을 깨 주는 것이 카프만 부인이 고치 구멍을 열어 준 것과 어떻게 다른 건가요?"

"아, 참 좋은 질문이군요. 도와주기와 대신해 주기의 차이라고 볼 수 있겠죠. 껍질을 깨고 나오려고 힘쓰는 새끼병아리에게 어미 닭은 호응하여 도와준 것이고, 카프만 부인은 나방이 써야 할 힘을 쓰지 않아도 되도록 대신해 준 것이라고 볼 수 있죠."

"아, 네. 이해가 되었습니다. 그래서 '부모는 자녀가 해야 할 일을 도와주되 대신해 주지 말라.'고 하는 것이군요."

저녁 시간이 가까워져서 참석자들은 다음 모임에서 '도와주기와 대신해 주기'에 대해 좀 더 이야기하기로 하고 헤어졌다. 서편 하늘에 저녁노을이 곱게 물들었다. 참석자들의 마음에는 어떤 감정의 빛깔이 물들었을까?

도와주기와 대신해 주기

지난번 모임에서 '줄탁동시'에 관해 질문했던 라라 엄마가 책에서 본 내용이라며 동일한 사례를 두 가지 경우로 만들어 와서 보여 주었다.

경우 A

초등학생 순돌이 엄마는 엄마 역할을 열성적으로 실천한다. 순돌이가 학교에 다녀와서 거실에 벗어 놓은 가방을 정돈해 주고, 다음 날 준비물을 확인해서 일일이 챙겨 놓는다. 순돌이는 엄마가 정해 준 학원에 가서 공부하고 친구의 생일파티에 엄마가 미리 사 둔 선물을 가지고 간다. 순돌이는 "엄마 시킨 대로 열심히 하면 돼. 다른 건 신경 쓰지 마라. 엄마가 다 챙겨 주마."라고 하니 편하기는 하다. 친구들과 다투는 일이 생겨도 엄마에게 이야기하면 나서서 해결해 준다.

아침에 순돌이는 엄마가 챙겨 놓은 준비물을 가지고 학교에 간다. 혹시 빠트린 것이 있어서 연락하면 엄마는 "미안하다. 엄마가 깜빡했다. 학교에 가져다줄게."라고 말한다. 이런 생활이 반복되다 보니 순돌이는 이제 엄마 없이 할 수 있는 일이 거의 없게 되었지만 엄마는 자기가 엄마 역할을 충실히 하고 있다는 생각에 늘 마음이 뿌듯하다.

경우 B

초등학생 순돌이 엄마는 아이가 학교에서 오면 스스로 가방을 정리하고 준비물을 챙기도록 하면서 못 챙기는 것은 도와준다. 순돌이는 엄마와 상의하여 정한 학원에 가서 공부하고 친구의 생일파티에는 자기 용돈에 맞추어 준비한 선물을 가지고 간다. 순돌이는 엄마가 "네가 할 일은 스스로 해야 하지만, 바쁘거나 힘든 부분이 있으면 도와달라고 이야기해도 괜찮아."라고 말해 주니 왠지 마음이 든든하다. 친구들하고 다투는 일이 생기면 엄마는 이야기를 듣고 가능하면 순돌이가 해결 방안을 찾도록 도와준다.

아침이 되면 순돌이는 자기가 준비물을 챙겨서 학교에 가지고 간다. 혹시 빠트린 것이 있어서 연락하면 엄마는 "이번에만 학교에 가져다줄게. 다음에는 너의 책임이야."라고 말한다. 엄마는 순돌이가 스스로 자기관리를 하는 아이로 성장하도록 돕는 것이 자기 역할이라고 생각한다.

"두 사례를 비교해 보면 어떤 느낌이 드나요?"

엄마들은 좀 과장되었지만, 현실에서도 그럴 수 있을 것 같다면서, A는 엄마가 순돌이가 해야 할 일을 대신 해 주는 것 같고, B는 순돌이의 일을 도와주는 것 같다고 이야기했다. 미미 엄마는 A는 아이가 안에서 쪼기 전에 엄마가 먼저 밖에서 쪼았다는 생각이 든다면서, 자신은 아이의 일을 대신해 준 경우가 많았던 것 같단다.

"어떤 방법이 아이의 자율 능력을 기르는 데 더 좋을까요?"

"당연히 B처럼 도와주는 것이 더 좋은 것 같아요."

"당연히 그렇겠지요. A는 순돌이의 생활임에도 엄마가 주체였고, B는 순돌이가 주체였죠. 순돌이도 바쁘니까 어떤 일들은 엄마보고 도와 달라고 했는데, 그것도 순돌이가 판단해서 한 것이죠. 이 부분이 중요하다고 봅니다."

"그러니까 어릴 때부터 자신의 일에 대해 스스로 판단하는 습관이 되어야 성인이 되어서도 그렇겠지요. 자율 능력도 점차 습관이 되거든요."

한 참석자는 드라마 〈스카이 캐슬〉의 사례를 이야기했다.

"오늘 의견들을 들어 보니 드라마 〈스카이 캐슬〉이 떠오르네요. 우등생인 예서는 코디였던 김주영 선생의 판단대로 움직였어요. 그러니까 우등생이었지만 코디 선생이 없으면 스스로 판단할 수 없는 아이가 된 거였군요. 엄마와 코디는 예서를 도왔다고 생각했지만, 사실은 대신해 준 것임을 알 것 같아요. 오늘 정말 좋은 토의였고 고마운 시간이었습니다."

자생력 문제를 영향이 커진 후에야 알게 된다면 이미 늦은 것이다. 미리 깨닫는 것이 지혜로운 일이다.

17

부모도 아이도 만능이 아니다

오늘은 특별한 주제가 정해지지 않아 편하게 모이기로 한 날이다. 부모들이 두셋 씩 커피 한 잔씩 들고 모임방에 모였다. 비 내리는 창밖을 바라보며 아이들의 학교생활 등 이런저런 이야기를 나누느라 여러 목소리가 들려왔다. 한 아빠가 몇 주 동안 Q 선생이 안 보인다고 이야기하던 중 마침 Q 선생이 문을 열고 들어왔다. 솔미 엄마가 먼저 묻는다.

"무슨 일이 있으셨어요? 안 보이셔서 궁금했어요."

"아, 친구들 모임도 있었고 여행도 좀 다녀왔어요. 포럼은 잘 진행되었나요?"

"네. 모임은 잘 진행되었어요. 그런데 선생님은 자녀들을 키우실 때 어떠셨나요? 자생력은요?"

"어이쿠, 어려운 질문이에요. 자생력은 나중에 인식하게 된 것이고 강하게 키워야 한다는 생각은 했었지요. 구체적인 방법을 안 것은 아니었고, 자기 일은 스스로 하게 해야 한다는 생각 정도라고 할까…. 나중에 돌이켜보니 잘못한 일들도 많았던 것 같아요."

"그러셨군요. 잘못한 일들이라면 구체적으로 어떤 일들이었어요?"

"으음, 말하자면… 자식의 생각을 충분히 듣기 전에 나의 의견을 먼저 강조한 일, 자식의 판단을 적절하게 기다려 주지 않고 재촉한 일, 자식의 감정을 덜 살핀 일, 부모가 이야기하면 다 해낼 것이라고 착각한 일, 그래서 막상 나도 잘 못하는 일인데 아이에게 잘하라고 압박을 준 일들이 마음에 남아 있어요."

"아, 좀 뜻밖이군요. 저희도 조금 미리 헤아려야겠어요."

"세상을 조금 살아 보니… 실상과 허상을 잘 가려야 할 것 같아요. 가령 아이의 성적 수준이 현재 80점인데 부모가 95점은 되어야 한다고 생각한다면 80점이 실상(實相)이고 95점은 허상(虛相)이죠. 허상을 기준으로 자녀를 대하면 90점을 받았는데도 불만족해서 나무라게 되는 것이죠."

Q 선생의 이야기들 찬찬히 듣고 있던 미미 아빠가 의견을 덧붙인다.

"선생님 말씀이 피그말리온 효과를 생각나게 하는군요. 높은 성취를 기대하면 이에 부응하여 그 목표를 이룬다고 하죠. 그래서 자식에게 '너는 1등 할 거야, XX대학교에 합격할 거야.'라고 높은 기대를 표현합니다. 직장에서도 부하직원들에게 그렇게 하죠. 그래서 성적이 오르고 업무 성과가 좋아지면 피그말리온 효과가 나타났다고 합니다. 사실 저도 학원에서 학생들에게 그렇게 용기를 북돋는 경우가 많습니다."

"그러나 기대에 부응하지 못하면 어떻게 될까요? '왜 그렇게 기대하고 밀어 줬는데 그것도 못 했어?'라고 실망하고 질책한다면 부모와 자식 모두 불행해질 수 있습니다. 행복해지려면 목표는 높게 세우되 기대는 실제 능력에 맞추는 것이 현명합니다. 겉으로 말한 기대와 속으로 만족하는 기대를 구분할 필요가 있죠."

"기대가 크면 실망도 크다는 속담의 의미를 잘 새겨야겠군요. 실상과 허상을 인생의 다른 면에도 적용할 수 있을 것 같은데요?"

"그렇죠. 가령 친구들과 놀러 갔는데 날씨가 좋지 않아요. 나쁜 날씨가 실상인데 어떤 친구는 계속 불평을 해요. '좋은 날씨'라는 허상을 버리지 못하고 있는 것이죠. 현명한 친구들은 '나쁜 날씨'라는 실상을 인정하고 그 상황에 맞는 놀거리와 즐거움을 찾으려 하죠. 부부관계나 다른 인간관계도 비슷하다고 생각해요. 서로가 자기에게 맞추기를 요구하면 그게 허상이고 갈등의 원인이 되는 것이죠. 대개 실상과 허상 사이에는 그만큼의 욕심이 채워져 있어요. 인간은 만능기계 같은 존재가 아니거든요. 부모나 자식도 그렇다는 것이죠."

"그러니까 현재 능력이나 소질, 성격이나 희망 등 실제를 기준으로 아이를 대하고 거기서부터 방향을 찾아야 한다는 말씀이군요. 자생력의 출발점으로 좋은 참고가 될 것 같습니다. 포럼에 계속 나오실 거죠?"

"그럼요. 여러분 덕분에 공부를 많이 하게 됩니다. 하하하"

모임이 끝나고 집으로 오는데, 우산에 떨어지는 빗방울 소리가 마치 하늘에서 '당신이 모든 일을 신처럼 해낼 수 없듯이 당신의 아이도 그렇다.'고 말하는 것처럼 들렸다. 아이에게 나의 욕심대로 너무 많은 것을 요구한 것일까? 한 걸음씩 걸으며 찬찬히 생각해 보았다.

제3부

자녀의 자생력 기르기,
어떻게 하면 좋을까?

AI에게 물어보기

　포럼이 자리를 잡아 가면서, 사람들과 잘 어울리고 책임감과 봉사심이 강한 솔미 엄마가 운영을 맡아 공지나 장소 준비 등의 수고를 해 주기로 했다. 아파트 관리사무소에서도 공감하여 안내문을 동마다 붙여 주면서 포럼이 상당히 알려지게 되었다. 우리는 마마보이에서 시작된 자생력의 문제가 어느 정도 이해가 되었다고 생각하여 구체적인 방법들에 대해 논의하기로 했고 오늘은 그 첫 모임이다.

　초여름의 오후는 상큼했다. 햇살도 나무 사이로 비추어 들어오면서 마치 함께 참여하는 듯했다. 오늘은 아이의 자생력을 기르는 방법에 대해 도도 아빠가 인공지능이 답한 내용을 소개한 후 참석자들이 의견을 나누기로 했다.

　"AI가 생활 동반자 같은 시대가 되었죠. 여러 생성형 AI에 '아이의 자생력을 기르기 위해 부모가 할 일에 대해 알려 줘.'라고 기본적인 질문을 해 보았거든요. 중복적인 내용들도 있지만 2024년 7월 28일의 답변을 한번 보시기 바랍니다."

도도 아빠는 프린트한 자료를 나누어 주었다.

1. 네이버 클로버X

아이의 자생력을 기르기 위해 부모가 할 수 있는 일은 다음과 같습니다.

① **스스로 문제를 해결할 기회 제공하기 :** 아이가 어려움을 겪더라도 부모님이 대신 해결해 주지 않고, 스스로 해결할 수 있도록 기다려 주는 것이 중요합니다.

② **독립심을 길러 주기 :** 아이가 스스로 할 수 있는 일을 찾아주고, 그 일을 스스로 해 보도록 격려해 주는 것이 좋습니다.

③ **자신감을 심어 주기 :** 아이가 잘한 일을 칭찬해 주고, 아이가 실패하더라도 격려해 주는 것이 중요합니다.

④ **다양한 경험 제공하기 :** 다양한 경험을 통해 아이는 자신의 능력을 향상시키고, 새로운 것을 배울 수 있습니다.

⑤ **대화를 통해 아이의 생각 존중하기 :** 아이의 생각을 존중해 주면, 아이는 자신의 생각을 자유롭게 표현할 수 있고, 자신의 의견을 존중받는다는 느낌을 받을 수 있습니다.

⑥ **아이의 자율성 존중하기 :** 아이가 스스로 결정하고 행동할 수 있도록 도와주면 아이는 자신의 행동에 대한 책임감을 느끼고, 자립심을 키울 수 있습니다.

⑦ **아이의 감정을 이해하고 공감하기 :** 아이가 자신의 감정을 자유롭게 표현할 수 있도록 도와주면 아이는 자신의 감정을 조절하고, 스트레스를 해소할 수 있습니다.

이러한 방법으로 아이의 자생력을 기를 수 있습니다. 하지만 아이의 자생력을 기르는 것은 시간이 필요한 일이므로, 부모님은 인내심을 가지고 꾸준히 노력해야 합니다.

2. Chat GPT

아이의 자생력을 기르기 위해 부모가 할 수 있는 몇 가지 방법이 있습니다.

① **자립심을 길러 주는 환경 제공 :** 아이가 스스로 판단하고 결정할 수 있는 환경을 제공해 주세요. 예를 들어, 간단한 선택을 할 때 아이에게 선택권을 주어 스스로 판단하도록 유도해 주는 것이 도움이 됩니다.

② **실패와 성공을 경험하게 해 주기 :** 아이의 실패나 실수를 너그럽게 받아들이고, 성공했을 때는 칭찬해 주는 것이 중요합니다. 실패를 두려워하지 않고 도전할 수 있는 자신감을 길러줍니다.

③ **독립성 존중하기 :** 아이의 의견을 존중하고, 스스로 해결할 수 있는 능력을 키울 수 있도록 의견을 경청하고 함께 이야기하면서 도움을 주는 것이 좋습니다.

④ **책임과 역할 부여 :** 아이에게 가정 내에서의 간단한 역할이나 책임을 통해 자신감을 키울 수 있도록 집안일이나 반려동물 돌봄 등을 맡기는 것이 도움이 됩니다.

⑤ **독립적인 문제해결 능력 향상 :** 아이와 문제 상황에 대해 함께 고민하고, 아이 스스로 해결책을 찾도록 유도하는 것이 중요합니다.

◎ **의사결정 능력을 향상시키기 :** 일상적인 상황에서 아이에게 선택의 폭을 넓혀 주는 것이 중요합니다. 예를 들어, 가족 식사 메뉴를 정할 때 아이에게 선택지를 주고 스스로 고르도록 할 수 있습니다.

⑦ **자기관리 능력 강화 :** 아이가 스스로를 돌볼 수 있는 능력을 기를 수 있도록 개인적인 책임을 맡길 수 있습니다. 예를 들어, 일정을 관리하거나 개인적인 물품을 정리하도록 하는 것이 도움이 됩니다.

⑧ **긍정적인 독립심 육성 :** 아이에게 독립적인 사고와 행동을 장려하면서 지원해 줍니다. 아이가 도움을 요청할 때는 제공해 주되, 가능한 한 스스로 문제를 해결하도록 격려해 주는 것이 중요합니다.

⑨ **실무적인 기술 향상 :** 일상생활에서 필요한 실무적인 기술을 익히도록 가르쳐 줍니다. 예를 들어 요리, 청소, 세탁 등의 기본적인 생활 기술을 가르쳐 주는 것은 아이의 자생력을 키우는 데 도움이 됩니다.

⑩ **자립적인 사고방식 유도 :** 아이가 스스로 문제를 해결하고 책임을 질 수 있는 사고방식을 유도해야 합니다. 문제가 발생했을 때 고민하고 해결책을 찾는 과정을 통해 아이의 사고력과 문제해결 능력을 키울 수 있습니다.

이러한 방법들을 통해 부모는 아이의 자생력을 키우는 데 기여할 수 있습니다. 아이를 지속적으로 격려하고 지원하면서도 독립적인 사고와 행동을 장려하는 것이 중요합니다.

3. 구글 Gemini

아이의 자생력은 단순히 스스로 밥을 먹고 옷을 입는 것을 넘어, 문제해결 능력, 의사결정 능력, 자기조절 능력 등 다양한 면을 포함합니다. 아이의 자생력을 키우는 것은 부모의 가장 중요한 역할의 하나입니다.

① 적절한 자율성 부여

- **일상생활에서 선택 기회 제공 :** 옷, 장난감, 간식 등 일상생활에서 아이가 스스로 선택할 기회를 주세요.
- **작은 실패 허용 :** 모든 것을 완벽하게 해낼 수는 없습니다. 작은 실패를 통해 아이는 스스로 문제를 해결하는 법을 배우게 됩니다.
- **책임감 부여 :** 나이에 맞는 간단한 집안일을 시키고, 스스로 책임감을 느끼도록 해 주세요.

② 칭찬과 격려

- **과정을 칭찬 :** 결과보다는 과정을 칭찬하여 아이의 노력을 인정해 주세요.
- **구체적인 칭찬 :** "잘했어."라는 막연한 칭찬보다는 "네가 스스로 양말을 신었구나, 잘했어!"와 같이 구체적인 칭찬을 해 주세요.
- **긍정적인 피드백 :** 실패했을 때도 긍정적인 피드백을 통해 자신감을 높여 주세요.

③ 인내심과 기다림

- **즉각적인 해결 회피 :** 아이가 어려움에 부딪혔을 때 스스로 해결해 볼 수 있도록 기다려 주세요.
- **힌트 제공 :** 필요한 경우, 아이가 스스로 해결할 수 있도록 힌트를 제공해 주세요.
- **조급해하지 않기 :** 아이의 성장에는 시간이 필요합니다. 조급해하지 않고 기다려 주는 것이 중요합니다.

④ 모델링

- **부모의 모습 보여 주기 :** 부모가 스스로 문제를 해결하고 책임감 있는 모습을 보여 주는 것이 가장 좋은 교육입니다.
- **긍정적인 태도 :** 긍정적인 태도로 어려움을 극복하는 모습을 보여 주세요.

⑤ **공감과 소통**
- **아이의 감정 이해 :** 아이의 감정을 공감하고 들어주세요.
- **대화를 통한 문제해결 :** 아이와 함께 문제를 해결하기 위한 대화를 나누세요.

◎ **독립적인 시간 보장**
- **혼자만의 시간 :** 아이가 혼자 놀거나 생각할 수 있는 시간을 주세요.
- **취미활동 지원 :** 아이가 스스로 즐길 수 있는 취미활동을 찾아 지원해 주세요.

자생력을 키우는 것은 단기간에 이루어지는 것이 아니어서 꾸준한 노력과 인내심이 필요합니다. 아이가 스스로 성장할 수 있도록 돕는 것이 중요합니다.

4. 마이크로소프트 Copilot
아이의 자생력을 기르기 위해 부모가 할 수 있는 몇 가지 방법이 있습니다.

① **객관적으로 바라보기 :** 아이의 발달 수준을 이해하고, 놓치지 않고 관찰해 주세요. 다른 또래 아이들과 비교하지 않고 우리 아이의 발달 모습을 인정하면서 성장을 지켜봐 주세요.

② **실수하더라도 기다리기 :** 아이가 시행착오를 겪는 과정에서 부족함과 불편함을 경험하게 해 주세요. 아이 스스로 해내는 방법을 터득할 수 있도록 지켜봐 주세요.

③ **선택권과 책임감 주기 :** 아이에게 행동을 지시하기보다 구체적인 선택권을 제공해 주세요. 아이 스스로 선택하고 그 행동에 책임을 지는 연습을 하게 됩니다.

❹ **되묻기** : 아이의 호기심을 존중하고, 질문에 대해 되물어 봐 주세요. 이를 통해 논리적인 사고와 주체적인 학습을 격려할 수 있습니다.

아이의 자생력을 기르는 데에는 부모의 지속적인 관심과 지원이 필요합니다. 아이가 스스로 성장하고 발전할 수 있도록 함께 노력해 주세요.

"읽어 보시니 어떠신가요?"

"네. 공통적인 내용도 많은데… 대체로 아이에게 스스로 해 볼 기회나 선택권을 주기, 의견을 묻고 존중하기, 부모가 모범 보이기, 시행착오를 하더라도 기다려주기, 역할을 주고 책임감 갖게 하기 등 종합적으로 보면 책임감을 가지고 자기 일을 스스로 해내는 습관을 갖도록 돕는 일인 것 같습니다."

최근에 참석하기 시작한 한 엄마가 이야기를 이었다.

"저는 도도 아빠께서 설명하시는 동안 다른 AI에게 물었는데, 조금 색다른 내용으로… 〈뤼튼〉은 미술과 음악이나 체육 등 다양한 분야의 경험을 쌓도록 지원하여 창의력과 상상력 및 인내심을 길러 주기를 추천했고, 〈Bing〉은 당장의 즐거운 유혹을 뿌리치고 집중력을 기를 수 있는 자제력 훈련을 추천하네요."

"그렇군요. 저는 미국의 아동학자인 모스와 모제스가 쓴 〈독립적이고 자신감 있는 아이 키우기(Raising Independent, Self-Confident Kids)〉라는 책을 보았는데, 일곱 가지 방법을 제시했더군요. AI 자료는 아니지만 내용이 비슷해서 소개해 드리면 어떨까요?"

솔솔이 엄마의 조심스러운 제안에 모두 좋다고 동의하자 솔솔 엄마는 준비한 자료를 나누어 주고 간략하게 소개했다.

자신감 있고 독립적인 아이를 키우는 일곱 가지 방법

자신감 있고 독립적인 아이로 키우는 것은 쉬운 일이 아니다. 아이가 맞닥뜨린 문제를 해결해 나갈 수 있도록 가르쳐야 하는데, 어떤 부모들은 지나치게 문제를 해결해 주어서 아이의 능력과 가능성을 빼앗는다. 몇 가지 방법을 제시한다.

① **개입할 때와 멀리서 인도할 때를 알자** : 아이를 기르는 것은 춤을 추는 것과 같아서 때에 따라 껴안아 주거나 잡아 주기도 하며, 거리를 두어 관찰하고 인도해야 한다. 가정에서도 기본 규칙이 필요하다. 행복한 환경에서 자라게 하면서 기대되는 것이 무엇인지 알도록 한다.

② **신뢰를 심어 주자** : 아이는 부모와 선생님을 신뢰하고, 또 자신을 신뢰해야 한다. 신뢰가 있어야 문제를 해결해야 할 일이 생길 때 두려움이나 장벽을 느끼는 대신 스스로 할 수 있다는 자신감을 가지게 된다.

③ **건강한 선택을 하는 방법을 가르치자** : 건강한 선택이란 아이가 성취감을 느끼며 배움의 기회를 갖는 선택이다. 자신의 행동이 어떤 결과를 가져온다는 것과 책임을 지는 방법을 알려 준다. 조언을 청하는 것을 허용하고 조언을 받아들일지 여부를 결정하는 자유도 주어야 한다.

④ **작은 일부터 큰일까지 스스로 책임을 지도록 하자** : 아이가 책임감을 기르기 위해서는 시간, 인내, 애정 등 세 가지가 필요하다. 어릴 때부터 장난감 치우기, 식탁 정리하기, 식물에 물 주기, 반려동물 돌보기, 집안의 작은 일 등 스스로 하도록 할 필요가 있다.

⑤ **좌절에 대처하는 방법을 가르치자** : 일상의 어려움에 대처하는 능력과

인내심을 키우도록 돕는다. 좌절도 경험하고 대처 방법을 배우면서 자신감 있는 청소년이 되고 어른이 되는 것이다.

◎ **자제력을 길러 주자 :** 자신의 내면과 감정을 이해하고 알 수 있게 돕는다. 감성지능으로 키우는 양육은 매우 좋은 방법이다.

⑦ **사회성을 키워 주자 :** 사회성은 인간관계를 맺는 데 도움을 준다. 긍정적인 자아상과 풍부한 사회적 능력으로 건강한 방식으로 살아갈 수 있게 한다.

가족 구성원들은 아이를 키우는 모험에서 확신을 가지고 즐겁게 참여한다. 아이들을 좌절의 새장에 가둬 두는 부모가 아니라 날개를 달아 주는 부모가 되어야 한다.

솔솔 엄마의 설명까지 들으며 우리는 아이들이 자생력을 가진 건강한 성인으로 성장하도록 가르치고 돕는 부모의 역할을 되새겼다.

AI 시대의 교육 관점과 아이의 두뇌

인공지능이 키워드가 된 시대이다. 4차 산업혁명 기술이 발달하면서 사회생활의 모습이 변화하고 있다. 교육의 본질이 달라지지는 않겠지만 방법과 내용에는 많은 변화가 이루어지고 있다. 교육이 두뇌에 변화를 일으키는 것이라면 아이들의 두뇌를 건강하게 해야 하지 않을까….

이러한 문제를 제기한 사람은 라라 아빠였다. 본인이 읽었다는 'AI 시대의 자녀교육 방법'과 '어린이의 두뇌'라는 자료를 소개하겠다고 자청했다.

"라라 아빠께서 오늘 발표를 맡아 주셨어요. 카페로 바쁘실 텐데도 포럼과 아이 교육에 관심이 많으셔서 감사드리며 박수로 모시겠습니다."

솔미 엄마의 소개에 라라 아빠가 연단 앞으로 천천히 걸어 나왔다. 오늘따라 구레나룻 수염에 청바지와 셔츠가 잘 어울렸다.

"시리즈로 된 AI 시대 교육 방법 자료를 보면(서울일보, 2022), 다산 전인교육캠퍼스 송인섭 원장팀이 10년간 8,000여 명의 학습 사례를 분석하여 자기주도 학습을 더욱 발전시키는 교육 방법으로 자생력 학습 프로젝트 E-CLIP(Educate Creative Leadership Improvement Program)를 개발했다고 합니다. 핵심 개념인 자생력의 본질을 자기주도 기반에 감성 능력과 창의성을 더한 의미로 설정했더군요. 연구팀은 E-CLIP을 청소년 학생들을 대상으로 적용해 보았는데, 변화하는 사회에 두려움보다는 당당히 맞설 준비를 스스로 하는 변화를 보였다고 합니다. 자생력을 인간 능력의 연료이자 주춧돌이라고 한 표현이 흥미로웠어요. 구체적인 프로그램 내용은 파악하지는 못해 그 취지만 소개합니다."

"자생력을 기르기 위한 교육 방법들이 여러 곳에서 연구되고 있군요. 새로운 정보를 주셔서 고맙습니다. 그리고 어린이의 두뇌에 관한 말씀도 이어서 해 주시면 좋겠네요."

"네. 우리 몸과 정신을 컨트롤하는 곳이 두뇌라는 것은 모두가 알고 있죠. 그래서 건강한 두뇌는 정말 중요합니다. 서울시 교육청의 자료에는 지식의 획득과 사용, 이해력, 사고력, 문제해결력, 비판력, 창의력과 같은 인지능력을 담당하는 전전두엽은 초등학교 시절과 청소년기에 주로 발달한다는군요. 그래서 자료의 어린이 뇌 발달에 관한 내용을 소개할까 합니다."

아마도 포럼이 시작된 이후 참석자들의 호기심어린 눈빛이 가장 빛나는 것 같았다. 뇌의 중요성을 알지만 내용은 들어 본 적이 별로 없었기 때문일 것이다.

"초등학생 시기나 청소년 시기에 당장의 성적 향상을 위해 무조건 암기하고 답만 찾는 기술을 익힌다면… 마치 머리로 궁리하지는 않고 계산기로 답만 본다든지, 목적지로 가는 방법은 연구하지 않고 내비게이션을 따라가기만 하는 요령만 늘게 됩니다. 뇌가 활동할 필요가 없으니 당연히 인지능력은 발달하지 못하죠. 어린이와 청소년기는 뇌도 기초공사를 하는 시기입니다. 기초가 부실하면 좋은 건축을 할 수가 없죠."

참석자들은 메모하기도 하면서 조용히 경청했다.

"어린이 시절에 뇌세포는 어떻게 성장할까요? 뇌가 효율적으로 성장하는 과정에서 형성된 시냅스(네트워크)가 없어지기도 하고 새롭게 생기기도 합니다. 10대 때 가장 왕성하게 네트워크의 기초가 완성된다고 합니다. 초등학생 시기에 뇌 발달을 잘 시키기 위한 지침이 있더군요. 함께 살펴보시죠."

초등학교 시기 뇌 발달을 잘 시키기 위한 지침
- 초등학교 시기는 물론 중·고등학교 시기에도 잠자는 시간을 줄여 공

부 시간을 늘리는 것은 정말 위험하다. 뇌는 잠자는 동안 학습 내용을 정리하여 저장하고 집중력과 긍정적 성격에 도움이 되는 신경전달물 질을 방출한다. 잠이 부족하면 멍해질 뿐이다.

- 아침을 충실하게 먹어야 한다. 균형 있는 아침 식사에서 뇌에 필요한 영양분을 공급해야 한다. 특히 씹는 것을 먹어야 하는데, 치아와 안면 근육 발달은 물론 뇌 활동의 준비운동을 시키기 때문이다.나쁜 중독 을 예방해야 한다. 습관적인 욕설과 불평은 정서 조절 능력을 떨어뜨 리고 전두엽 발달에 장애가 된다. 스마트폰이나 게임 중독은 전두엽 의 기능을 마비시켜 인지 기능의 성장을 방해한다.
- 몸을 움직이는 활동을 한다. 춤추며 노래 부르기, 악기 연주하기, 야외 운동 게임 등 몸을 활발하게 움직이는 것이 신체는 물론 뇌의 발달에 도 훨씬 도움이 된다. 컴퓨터나 스마트폰을 해야 할 때는 자주 몸을 일 으켜 움직여 준다.
- 아이들의 컴퓨터는 공용으로 하는 것이 좋다. 자기 방에서 혼자만 하 는 것보다 가능하면 거실에서 공용으로 하는 것이 나쁜 중독을 예방 하며 관심사를 나누는 기회도 된다.
- 기분과 감정 표현을 억제시키는 것보다 정확하게 인식하고 올바르게 표현하는 방법을 지도하는 것이 좋다. 그리고 기분이 좋지 않을 때 노 래 부르기, 주문 외우기, 심호흡하기, 즐거운 책 읽기 등 전환 방법을 만들도록 도와준다.
- 공부는 오래 하는 것보다 집중해서 하는 것이 중요하다. 눈으로만 책을 보지 말고 소리 내어 읽고, 가능한 기분이 좋은 상태에서 공부하는 것이 좋다. 기억력과 집중력은 뇌가 긍정적일 때 훨씬 향상된다.

사실 부모들은 가정에서 아이들의 시간을 어떻게 관리해야 하는 지 잘 알지 못하는 경우가 많다. 좋은 지침을 알게 된 보람 있는 시간 이었다.

모범은 가장 친절한 교사이다

참석자들이 아이들의 자생력 향상 방법으로 가장 많이 꼽은 것은 모범이었다. 사실 모범은 마음만 먹는다면 곧바로 실천할 수 있는 방법이다.

"가정은 아이들의 첫 번째 학교이고, 부모는 첫 번째 선생님이라고 하더군요. 어른의 행동은 아이들이 모방하고 따라하므로 아이의 거울이라고 하죠. 아이의 자생력을 길러 주는 부모들의 모범 행동에는 무엇이 있을까요?"

오늘 임시 사회를 맡은 라라 엄마의 멘트에 이어 참석자들이 제시한 행동은 다음과 같았다.

- 폭식이나 편식을 하지 않고 알맞게 골고루 먹기

- 단정하고 깨끗하게 식사하고, 식사 후에 식탁 정리하기
- 아빠가 좋아하는 게임도 적당한 시간만 하는 자제력을 보여 주기
- 부모가 독서하는 모습 보여 주고 읽는 책에 대해 대화하기
- 가족들이 아이들과 운동을 함께 하기
- 부모가 자기 계발을 하는 모습을 보여 주고 이야기해 주기
- 부모가 자신의 목표와 계획을 세우고 아이들에게 말해 주기
- 폭언이나 욕설 등을 삼가고 바른말 하기
- 옷이나 신발과 양말 등 자기 물건 제자리 두기
- 아침에 일어나면 침실과 자기 침구 정돈하기
- 교통신호를 잘 지키며 무단횡단을 하지 않고 안전하게 운전하기

아이들이 어릴 때 가장 필요한 모범은 자기관리이다. 지금 부모의 모습이 아이들의 미래 모습이라고 생각해 보면 답을 쉽게 알 수 있지 않을까….

21

자기 일을 스스로 하는 습관을 길러 주자

포럼이 시작된 이래 가장 많은 사람들이 모였다. 30명쯤이었다. 모임의 진행을 주관하기로 한 솔미 엄마가 마이크를 들었다. 인원이 점점 늘어나서 흰 벽면을 화면으로 쓸 수 있게 휴대용 빔 프로젝터도 준비했다.

"아이들이 잘 성장하기를 바라지만 막상 어떻게 해야 할지 막연해서 지혜를 모은다면 정말 도움이 될 것 같아요. 공지한 대로 오늘의 주제는 아이의 자율 습관 기르기입니다. 우리 속담에 '세살 버릇 여든까지 간다.'는 말이 있듯이 습관은 정말 중요한 것 같아요. 자율 습관은 자생력의 가장 기본적인 바탕이겠죠? 자유롭게 의견을 말씀해 주시기를 바랍니다."

손을 들어 마이크를 건네받은 사람은 아파트 유치원 아이의 엄마

방루치 포럼

였다.

"안녕하세요? 저는 아이가 유치원에 다닌답니다. 아들이에요. 온통 집안을 어지럽히고 장난기도 심하고요. 그래서 아이가 사용할 공간을 마련해서 장난감과 유치원 가방 등 자기 물건의 위치를 정해 주었어요. 처음에는 잘 안 되었지만 여러 번 가르치니 지금은 장난감도 자기 위치에 갖다 놓고 유치원 갈 때와 올 때도 가방을 제자리에 둔답니다. 참 아무 데나 벗어 놓던 신발도 식구들의 신발 구역을 정해 주니 아이도 자기 자리에 둔답니다. 아이 아빠도 칭찬을 해 주니까 자기 물건 관리가 조금씩 습관화되는 것 같아요."

오늘 처음 참석했다는 생머리에 얼굴 톤이 맑은 한 엄마가 손을 들었다.

"저희 아이는 초등 3학년 여자아이인데 옷이나 가방과 신발 정리는 유치원 때 습관이 되었고, 지금은 과목별로 책과 노트 정리나 자고 난 후 침대 정리를 습관화하고 있어요. 그리고 식구들이 폰을 보지 않고 대화하며 식사하기, 아침에 그날 자기 계획 이야기하기, 저녁에는 하루의 일을 이야기하는 것을 해 보는 중이랍니다."

토의 분위기가 활발하게 자유로워지며 청바지에 민트 셔츠의 한 엄마도 의견에 참여했다.

"저희는 유딩, 초딩 둘을 키우는데 좋은 습관들이기는 생각만큼 쉽지 않더라고요. 처음에 자기 물건 정리하라는 말을 잘 안 들어서 나무라니까 엄마, 아빠는 왜 안 하냐고 항변을 하더라고요. 할 수 없이 저희 부부도 호호호…. 지금은 실천을 잘하면 매주 주말에 선물이나 상을 주는데, 좋은 습관의 목록을 만들어볼 생각이랍니다."

직장에 다니는 한 엄마가 자기관리 습관은 어릴 때부터 들이는 게 중요하다며 마이크를 잡았다.

"제가 직장에 다니느라 아이들을 충분히 살펴 주지 못하는 것이 미안하여 퇴근하면 모두 치우고 챙겨 주곤 했거든요. 이젠 초등 고학년인데도 당연하게 엄마가 치우고 챙기는 것으로 생각해요. 저도 퇴근하면 피곤한데 고치려 하니 잘되지 않아 그냥 제가 하곤 한답니다. 저도 이번 포럼을 계기로 아이들 교육 문제를 다시 생각해 보려 합니다. 어릴 때부터 좋은 습관은 들이는 것이 정말 중요한 것 같아요."

꽁지머리에 컬러 안경을 낀 아빠가 아이들의 자기관리 습관은 자기 사랑과 관련이 있다면서 어느 자료에서 보았다는 흥미로운 이야기를 했다.

"자기 사랑 즉 자아존중감이 낮은 아이들은 심리적으로 위축되어 있고 자기관리도 허술하다고 합니다. 반면에 자신을 긍정적이라고 생각하는 아이들이 자기관리를 더 잘한다는 것이죠. 자기관리는 물건 정리 같은 것뿐만 아니라 목욕하기, 시간 관리, 식사, 자기표현처럼 건강한 생활을 유지하는 모든 행동에 관련되어 있죠. 그래서 자율 습관은 부모의 격려와 자존감이 함께해야 더 효과적이라는 내용에 공감했습니다."

참석자들도 공감을 표했다. 의견들이 더 오가며 시간도 제법 많이 흐르자, 솔미 엄마는 마무리 인사를 하려고 앞에 나섰다.

"오늘도 뜻깊은 시간이었던 것 같아요. 혹시 더 말씀하실 분 있으신가요?"

라라 엄마가 손을 들었다.

"제안 하나 드릴까 해서요. 제가 교사로 근무할 때 아이들의 자기 관리 생활 습관을 지도했었는데, 다음 모임에 교사인 제 친구를 초빙해서 이야기를 들어 보면 어떨까요?"

모두 박수로 동의하여 다음 모임의 주제는 오늘과 연결하여 자기 관리 생활 습관으로 정해졌다.

22

자기관리 생활 습관 가이드

주민 모임방에는 40여 석의 자리가 있는데 오늘은 빈자리를 찾기 어려울 만큼 많은 인원이 참석했다. 라라 엄마가 캐주얼 차림의 단아한 여선생님 한 분을 소개했다. 선생님은 자기는 이곳에 살지 않지만 부탁받았다며 인사를 했다.

"안녕하세요? 포럼 이야기를 들었는데 정말 좋은 모임이군요. 제가 사는 아파트에도 제안해 봐야겠어요. 아이들에게 자기관리 생활 습관을 지도하는 내용을 간략하게 소개해 드리겠습니다."

"학교생활에만 한정된 내용인가요?"

한 엄마가 물었다.

"그렇지는 않고요. 일상에 적용되는 내용이랍니다. 빔 프로젝터에 그림도 좀 띄울게요. 첫째는 규칙적인 일상을 만들어 주는 것이에요.

규칙적인 일상은 안정감을 주고 건강한 생활 습관 형성에 도움이 되지요. 일정한 수면 시간, 식사 시간, 노는 시간, 공부 시간 등은 불규칙한 생활에 비해 건강한 생활 리듬을 만들어 주겠죠. 물론 너무 타이트하고 기계적인 규칙보다는 좀 유연하게요.

둘째는 자율 습관의 기본은 건강이라고 생각해요. 우선 건강한 식습관이죠. 혹시 아이들과 요리도 가끔 하시나요? 재료를 함께 다듬으며 식재료의 영양소를 가르치고 편식 습관을 고칠 수도 있지요. 물론 요리도 배우며 식사 예절을 가르칠 수 있습니다. 그리고 운동 습관이 중요하죠. 체력을 키우면 다른 일들까지 자기관리 습관을 만드는 바탕이 되죠. 가족들과 함께하면 더욱 좋겠죠.

셋째는 아이들에게 공동 활동에서 적절한 책임감을 주는 것입니다. 집안일에 자기 몫의 일을 하도록 하거나 가족여행에서도 준비물을 챙기고 여행지에서 물건을 정리하도록 해서 책임감과 보람을 느끼게 하는 것이죠.

넷째는 아이에게 자기결정과 선택의 기회를 주는 것입니다. 부모가 결정해서 아이에게 일방적으로 말하기보다 자기 목표와 자기 일정을 먼저 설정해 보도록 하는 것이죠. 아이의 문제도 먼저 해결 방법을 찾는 기회를 준 후에 도와주는 것을 장려합니다.

다섯째는 아이들이 노력하는 일에 칭찬과 격려를 하는 것이죠. 자율 능력과 함께 자신감도 커질 것입니다. 물론 학습과 놀이에서 적절한 휴식의 리듬도 필요하겠지요."

AI의 답변이나 일반적으로 알고 있는 내용들이라서 특별하지는 않았지만, 요약해서 정리해 주니 좀 더 명료하게 이해되었다. 선생님의 설명은 조금 더 이어졌다.

"최근에는 아이 주위를 맴돌며 지나치게 간섭하는 것을 헬리콥터 육아라고 하더군요. 장난감 선택이나 노는 방법, 놀고 난 후 치우는 방법까지 일일이 아이 의견을 묻고 코치하는 방식을 말하는데, 이것은 의견 존중이 아니라 간섭 통제라고 보는 거죠. 이런 간섭 통제가 반복되면 아이들은 무관심해하거나 오히려 무력감과 좌절감을 느낀다고 합니다. 당연히 아이들의 자기관리 능력에 부정적인 영향을 주겠지요."

그림과 사진도 제시하며 설명해 준 선생님에게 라라 엄마는 자기가 마련한 간단한 기념품으로 감사의 뜻을 전했다. 마침 평소에는 말수가 적은 솔솔 엄마가 자율 습관 목록을 정리해 보면 어떻겠느냐고 제안했다. 참석자들이 그에 찬성하여 여러 내용을 제시했고 솔솔 엄마는 그 내용을 화이트보드에 적었다.

- **건강관리 습관 :** 충분한 수면, 규칙적인 운동, 가족운동 함께하기, 바른 자세, 양치질하고 정리하기, 밖에서 오면 손 씻기, 목욕하고 뒷정리하기
- **올바른 식습관 :** 바른 자세로 식사하기, 자기가 밥 먹기, 골고루 먹기, 먹은 후 깔끔하게 마무리하기, 식사 후 감사 인사 하기, 식사 중에 폰 보지 않기, 상차림과 설거지 등 돕기
- **공부 습관 :** 숙제하기, 독서 목록을 만들어 읽기, 읽은 책 메모하기, 학교 준비물 챙기기, 공부 시간 계획표 쓰기
- **놀이 습관 :** 놀이 시간을 정하여 지키기, TV/아이패드 보는 시간 정하여 지키

방루치 포럼

기, 친구들과 적당하게 놀기
- **집안일 함께하기 습관** : 청소 함께하기, 쓰레기 분리하여 버리기, 커튼 열고 닫기, 애완동물 돌보기, 식물 물 주기와 관리를 돕기
- **정리 정돈 습관** : 이불 정돈, 신발 정리, 젖은 신발 말리기, 옷장 정리, 장난감 정리, 자기 방이나 공간 정리하기, 젖은 우산 말려 정리하기
- **자기 생활 관리 습관** : 생활 계획 세우기, 자기 일정 관리, 용돈 관리, 일기 쓰기

화이트보드에 적으며 솔솔 엄마가 말했다.

"오늘 선생님 말씀이랑 토의를 참고해서 좋은 습관 목록을 아이들 방이나 거실에 붙여 두어야겠다는 생각이 드네요."

솔미 엄마가 흥미로운 문제 하나를 화면에 띄우며 마무리 멘트를 했다.

"인터넷에서 본 문제 하나를 보여 드리면서 마무리하겠습니다. 다음 글에서 나는 무엇일까요? 집에 가시면서 생각해 보세요. 그리고 다음번 주제는 '가정에서 성장환경을 잘 만들어 주기'입니다."

나는 누구일까요?

나는 언제나 당신과 함께 있습니다.

나는 당신의 충실한 동반자입니다.

나는 당신의 훌륭한 조언자일 수도 있고 무거운 짐일 수도 있습니다.

그것은 당신이 나를 대하기에 달려 있습니다.

나는 모든 성공인의 하인입니다.

동시에 모든 실패인의 하인이기도 합니다.

그러므로 나는 당신의 성공을 도울 수도 있고,

실패의 나락으로 떨어지는 것을 도울 수도 있습니다.

나는 당신의 하인이니까요.

나를 다루는 일은 쉽습니다.

나는 당신의 하인이므로 당신은 나를 훈련시켜 당신의 뜻대로 할 수 있습니다.

그런데 나를 훈련시키지 않으면 내가 당신을 움직이게 됩니다.

당신은 나 때문에 성공하기도 하고 실패하기도 하지만,

당신이 어떻게 되든 나는 아무런 책임도 없습니다.

당신은 나를 처음에는 손님처럼 맞이합니다.

그런데 자주 만나면서 친해지면

나중에는 내가 주인처럼 행세합니다.

나는 누구일까요?

23

어린 시절 가정의 성장환경은 어떻게?

"어머! 관리소장님도 나오셨네요."

진행을 맡은 솔미 엄마가 반갑게 인사를 한다.

"네, 저도 곧 손주를 보게 되어 할아버지가 될 예정인데, 포럼에 관심이 있어서 와 보았습니다."

"아, 그러시군요. 손주를 보신다니 축하드려요. 오늘은 성장환경의 중요성을 주제로 진행하고자 하는데, 혹시 의견 있으시면 나중에 말씀도 해 주세요."

솔미 엄마는 발표를 자청하셨다며 노타이에 양복을 입은 신사 한 분에게 인사를 건네며 소개한다.

"오늘 발표를 해 주실 최 선생님을 소개합니다. 연구직 공무원이라고 말씀하셨죠? 성장환경의 뜻부터 설명을 부탁드릴까요?"

"네, 제가 생각한 가정의 성장환경은… 가정의 분위기랄까 그런 거예요. 예를 들면, 가족관계가 화목하고 평안한가 아니면 불화가 심하고 폭력적인가? 부모는 사랑을 표현하는가 아니면 무뚝뚝한가? 즐거운 분위기인가 아니면 침울한 분위기인가? 아이들도 의견을 편안하게 말하고 존중받는가 아니면 무시당하는가? 아이들의 모험적인 경험을 용인하는가 아니면 억제하는가? 이런 것들입니다. 이런 분위기에 따라 아이들의 인생 태도가 달라진다고 보거든요."

"그렇군요. 어떻게 달라진다고 생각하시는지 말씀해 주실 수 있나요?"

"네. 화목하고 즐거운 가정, 부모가 사랑을 충분히 표현하는 가정, 아이들이 의견을 말할 수 있고 모험적인 경험도 해 보도록 용인하는 가정에서 아이들이 더 밝고 굳세게 자라면서 포럼의 이슈인 자생력도 더 잘 길러진다고 봅니다."

"그러시군요. 다른 참석자들의 의견도 들어 보면서 토의를 이어가죠."

솔미 엄마의 멘트에 한 엄마가 머뭇거리다가 손을 들고 일어섰다. 왠지 약간 슬픈 느낌이 아름다운 얼굴을 실루엣처럼 가린 것 같았다.

"오늘 주제를 보고… 마음을 털어놓고 이야기하고 싶었답니다. 저는 학창 시절부터 친구들과의 여행과 음악 활동을 해 보고 싶었는데 부모님이 허락해 주지않으셔서 못 했어요. 그리고 집안 분위기가 좀 엄하다고 할까 권위적이라고 할까…. 좀 그랬어요. 식사 때에도 어른들 앞에서 함부로 이야기하지 말라고 하시고, 아이들이 뭘 안다고 나서냐고 하시고…. 그러다 보니 왠지 소극적인 성격이 된 것 같고 지금도 뭔가 혼자 결정하는 것도 어려워한답니다.

책에서 코끼리 복종 훈련을 하는 내용을 본 적이 있어요. 튼튼한 '오렌지색 끈'으로 어린 코끼리의 발목을 나무에 묶어 두면 처음에는 빠져나오려 안간힘을 쓰지만 결국 실패하여 끈에 묶인 현실을 인정하게 된답니다. 성장 후에 엄청나게 힘이 세져도 '오렌지색 끈'을 묶어 두면 빠져나오려는 시도를 하지 않는다는 것이지요. 또는 어릴 때 2미터 정도의 사슬로 묶어 두면 마음껏 뛰어놀고 싶어도 사슬로 인해 2미터 정도밖에는 움직일 수가 없겠죠. 결국은 포기하고 어른 코끼리가 되어도 2미터 정도의 밧줄 안에서 움직인다는 것입니다.

가정에서도 '오렌지색 줄'이나 '2미터의 끈'이 있을지 모릅니다. 아이들을 묶어두는 심리적 끈이랄까…. 저는 어린 시절부터 오렌지색의 2미터 끈에 묶여 있었던 것 같아요. 그래서 저희 아이들은 그렇게 키우지 않으려고 합니다. 이런 것이 가정의 성장환경이 아닐까요?"

조용히 듣고 있던 미미 엄마도 자기의 어린 시절 경험과 비슷하다면서 지금은 벗어나려고 애쓰고 있다고 이야기했다.

"사실 저도 비슷하답니다. 대인관계에 자신이 없어 직장에 다니기가 편치 않고 그래서 인터넷으로 쇼핑몰을 하고 있어요. 남의 눈치도 많이 보는 편이고… 저를 좀 더 개방해 보려고 노력하고 있어요.

지금 이야기도 하려는 순간 엄청 용기가 필요했어요."

엄마들의 고백(?)에 참석자들이 박수로 응원하자 청바지에 심플한 컬러디자인의 샌들이 잘 어울리는 다른 한 엄마도 말을 거들었다.

"저도 비슷한 경우랍니다. 어릴 때부터 오빠와 차별을 당했는데, 특히 대학에 진학할 때 오빠는 큰 도시로 보내면서 저는 여자라서 안 된다며 집에서 다닐 수 있는 대학에 진학할 수밖에 없었답니다. 새로운 세상을 경험하는 데 많은 차이가 있다고 생각했어요."

여러 이야기가 오간 후에 최 선생은 다시 말을 이었다.

"사실 제가 하고 싶었던 이야기를 다른 분들이 대신해 주셨네요. 저도 집안 분위기로 말미암아 위축된 마음으로 살았어요. 친구나 사람들과 관계를 잘 이어 갈 자신도 없고…. 마음을 펼치지를 못했어요. 그래서 일이 복잡한 직장보다 주로 혼자 연구에 몰두하면 되는 직업을 택했답니다. 미미 어머니의 심정이 이해됩니다.

그리고 자료를 찾다보니 두 가지 의미 있는 자료를 발견했어요. 먼저 유엔아동권리협약에 생존권, 보호권, 발달권, 참여권의 4가지 아동기본권리가 있더군요. 생존권은 아동이 안전한 집에서 식사하고, 아픈 곳을 치료받는 등의 기본적인 생활을 누릴 권리입니다. 보호권은 아동이 이유 없이 맞거나 혼나는 일, 아동이 하기에는 지나치게 힘든 일로부터 보호받고 차별받지 않을 권리죠. 발달권은 아동이 성장하는데 필요한 교육을 받고, 여가와 문화 활동 등을 즐길 수 있는 권리입니다. 마지막으로 참여권은 자신의 삶에 영향을 주는 일에 대해 자신의 목소리를 내고 참여할 수 있는 권리를 의미합니다. 이를

방루치 포럼

읽어보니 마치 방정환 선생님의 목소리를 듣는 것 같았어요. 특히 마지막 참여권은 아이들의 자생력 발달에 중요한 요소라고 봅니다."

"이! 아동기본권리라는 것이 있었군요."

많은 참석자들이 처음 듣는다는 반응이었고, 최 선생은 이야기를 이어나갔다.

"또한 보건복지부의 '아동 종합 실태조사'(2023년)에서 아래와 같은 가족관계를 진단하는 15개의 설문 문항이 있었어요.

가족관계 설문

	가족관계척도
정서 친밀 영역	1. 우리 가족은 가족끼리 대화가 잘 된다.
	2. 우리 가족은 문제를 함께 잘 해결하려고 노력한다.
	3. 우리 가족은 서로에 대해 잘 알고 있다.
	4. 우리 가족은 각자의 강점에 대해 가족들에게 마음을 열고 허심탄회하게 이야기한다.
	5. 우리 가족은 도움이 필요할 때 언제든지 서로 도움을 청할 수 있다.
	6. 우리 가족은 여가시간을 함께 보내기를 좋아한다.
	7. 우리 가족은 서로 친밀하게 느낀다.
	8. 우리 가족은 서로 솔직하고 정직하다.
	9. 우리 가족은 서로 지지해주고 격려해준다.
	10. 우리 가족은 서로에게 생각과 느낌을 표현할 수 있다.
수용 존중 영역	11. 우리 가족은 가족의 일을 계획할 때 우리 가족 모두에게 발언권이 있다.
	12. 우리 가족은 서로를 있는 그대로 인정한다.
	13. 우리 가족은 각각 자신의 행동에 책임을 진다.
	14. 우리 가족은 가족들 간의 서로 다른 의견을 존중한다.
	15. 우리 가족은 서로의 감정을 존중한다.

바람직한 가족관계를 조사하는 것인데, '정서친밀영역'은 바람직한 가정 분위기를 보여주고 있고, 특히 '수용존중영역'은 아동권리의 참여권으로 아이들의 의견을 들어주고 존중하는 내용을 제시하고 있습니다. 아이들의 자생력 배양에 도움이 된다고 보는 부분이지요. 그래서 제 성장과정의 아픔이 아이들에게 생기지 않도록 가정에서 위와 같은 방향으로 노력하고 있습니다."

참석자들이 다소 숙연해하며 박수로 격려했는데, 포럼에 두 번째 참석했다며 언론계에서 일을 한다고 자신을 소개한 캐주얼 정장 차림의 한 아빠가 정중하게 인사하며 일어섰다.

"연구직이나 독자적으로 일을 하는 사람들이 성장기에 모두 트라우마를 겪은 사람들은 아니라는 인식을 먼저 공유할 필요가 있을 것 같습니다. 오해가 생길 수 있으니까요."

참석자들이 공감하자 그는 말을 이었다.

"정신건강의학과 조성준 교수의 인터뷰 기사가 생각나는군요. 부모로부터 사랑을 충분히 받은 사람이 성인기에도 건강한 마음을 유지하는 데 훨씬 도움이 된다면서, 너무 힘들게 자라면 회복탄력성이라는 마음의 맷집이 생기기 어렵다고 하더군요. 아울러 과도하거나 일방적인 사랑을 주기보다 성장기에 적당한 스트레스 상황도 겪으며 대처하는 방법도 익히도록 해야 한다고 말합니다. 세상은 합리적이거나 친절하지만은 않아 집 밖에서는 스스로 위기에 대처할 수 있는 능력을 길러 주어야 한다는 것이죠."

추가적인 의견이 없자 솔미 엄마는 시간이 상당히 흘렀다며 마무리했다.

"오늘도 좋은 내용이 많이 제시된 것 같아요. 사실 요즘 부모들은 아이들의 의견을 많이 들어준다고 생각해요. 오히려 아이들의 주장이 너무 강하고 고집을 부려서 고민일 경우가 많죠. 그래도 아이들의 의견과 감정을 이해하고 존중하는 마음을 가지면서, 어떤 경우엔 부모가 행동 기준을 세워 줄 필요가 있지 않을까 생각합니다. 그리고 의견 차이가 있어도 가족 간의 사랑이 줄지는 않는다는 감정을 서로 공유해야겠지요? 다음 모임 주제는 '견문과 체험, 터를 넓게 잡아 주기'입니다."

집으로 가는 길에 사람들은 자신의 어린 시절 성장환경을 돌아보았다. 부모가 된 지금 이 가정에서 아이들이 자라는 환경을 비교해 보며 과연 아이들은 어떤 성장기를 지내고 있는 것인지 깊은 생각에 잠긴 듯했다. 노을에 얼굴들이 발갛게 물들었다.

24

견문과 체험, 터를 넓게 잡아 주자

세상은 아는 만큼 보이고, 보여야 다가갈 수 있다. 여름이 점점 무르익자 더 짙어진 뒷산 푸른 숲은 마치 우리가 찾아오길 기다리는 손짓 같았다.

"안녕하세요? 오늘 솔미 엄마가 집안 행사가 있어 제가 진행을 하게 되었는데 좀 두근거리네요. 오늘 주제는 터를 넓게 잡게 해 주자는 것인데, 인생 경험이 많으신 Q 선생님께 미리 오프닝 멘트를 요청드렸다고 하더군요."

솔미네 앞집에 산다는 흰색 점 무늬 블라우스를 입은 엄마는 사회 멘트를 하면서 Q 선생에게 의견을 청했다.

"네, 요청을 받긴 했는데…. 우선 간단한 질문 하나 드리지요. 우리가 아이들에게 바라는 성공적인 사회생활이 자기 분야의 전문성을 쌓는 일이라고 본다면, 터를 어떻게 잡아야 할까요?"

"그건… 터를 넓게 잡아야 할 것 같은데요."

"그렇겠죠. 터를 넓게 잡아 준다는 것은 무슨 의미일까요?"

"아마도… 어려서부터 다양한 경험을 하게 해 주는 것이 아닐까요?"

"제 평소 생각도 그렇습니다. 훌륭한 요리를 만들려면 다양한 좋은 재료와 조리 기술이 있어야 하고, 좋은 건축자재들과 풍부한 기술이 있어야 멋진 집을 지을 수 있듯이 자생력에도 다양하고 풍부한 견문과 경험이 훨씬 도움이 되죠. 창의성도 지식과 사유가 풍부할수록 잘 발현되거든요. 견문과 체험은 아이들에게 세상을 열어 주는 특별한 경험이라고 생각합니다."

한 남성 참석자가 손을 들고 발언했다.

"아, 저도 TV에서 비단잉어인 코이에 대한 내용을 본 적이 있어요. 새끼 코이를 어항에 넣어서 기르면 8센티미터 정도 자라고, 연못에서 기르면 약 30센티미터까지, 강물에서는 120센티미터까지 큰다고 하더군요. 어린 시절 경험하는 세계에 따라 성장이 달라진다는 것인데, 터를 넓게 잡는다는 건 그런 의미인 것 같군요."

진행자는 이야기를 이어 나갔다.

"감사합니다. 코이 이야기도 터 넓게 잡기에 좋은 사례가 되겠군요. 그럼 터를 넓게 잡아 주는, 즉 견문을 넓히는 방법에 관해 의견을 들어 보죠. 자유롭게 말씀해 주세요."

"제가 며칠간 생각을 좀 해 보았는데요…."

카페를 알바 학생에게 맡기고 왔다며 라라 아빠가 마이크를 잡았다.

"아는 것이 힘이다.'라는 말이 있죠. 요즈음은 '실천이 힘이다.'라고 하던데, 그래서 견문을 여행, 체험, 인물 탐구의 세 가지 정도로 생각해 보았어요.

첫째, 여행은 자연과 문화에 대한 식견을 넓힐 수 있는 가장 좋은 방법이죠. 국내는 물론 외국 여러 나라 여행을 통해 다양한 문화와 역사를 이해하며 언어도 경험할 수 있죠. 그래서 여행은 최고의 견문 방법이라고 생각합니다.

둘째로 다양한 체험인데, 여행과 함께 곁들이면 좋겠죠. 체험의 종류를 생각해 보았는데… 실습하는 체험으로는 도자기 만들기, 공예, 요리 만들기, 동식물 기르기 등이 있죠. 관찰하는 체험으로는 가상현실, 동물원이나 아쿠아리움, 조류 관찰, 천문대 등이 있고, 견학하는 체험으로는 공장, 경찰서, 소방서, 과학관, 테마파크, 야구장 같은 스포츠 등도 가능하겠죠. 생활 체험이라고 해야 할까요? 캠핑이나 농어촌생활 등도 있습니다.

세 번째로 인물 탐구는 우리나라와 세계의 역사적인 인물들에 대한 학습이라고 할 수 있겠죠. 책이나 영상자료 또는 기념관이나 생가 견학 등의 방법이 가능할 것입니다. 대개 여행과 함께할 수 있는 일들이어서 여행을 계획할 때 일정에 포함해 놓으면 좋을 것 같습니다."

이야기하는 라라 아빠의 표정이 마치 여행을 떠나는 설렘에 들뜬 듯했다.

"정말 견문과 체험 방법들을 잘 정리해 주셨네요. 감사합니다. 다른 분들 의견을 계속 들어 보죠."

마침, 손주를 돌봐 주러 오셨다가 참석했다는 할머니 한 분이 손을 들고 일어섰다.

"제 경우로 보면… 나이가 들면 새로운 것보다는 경험한 것 중에서 좋아하는 것을 하게 되는 것 같아요. 그러니까 어린 시절부터 견문을 넓히면 당연히 인생의 선택폭이 넓어지죠. 라라 아빠가 제시한 방법들 외에도 영화, 연극, 오페라, 뮤지컬, 음악회 등 다양한 공연 관람과 전시회, 미술관, 박물관, 문학관 방문 등 문화예술 견문을 추천합니다. 문화예술은 삶을 더욱 향기롭게 만들어 준다고 생각하거든요."

운동복 차림의 남자 한 분이 자기는 스포츠를 추천한다며 말을 이었다.

"저는 스포츠나 아웃도어 액티비티를 추천하고 싶습니다. 등산이나 트래킹, 스키나 스노보드, 해수욕이나 스쿠버 등의 해양스포츠 같은 활동은 자연과 함께 건강과 체력을 증진하면서 위기 시에 생존 능력도 향상해 줄 수 있죠."

다른 분들의 의견이 조금 더 이어졌는데, 미미 엄마가 포럼의 목적을 상기시키려는 듯 핵심적인 질문을 했다.

"그런데 다양한 견문이 자생력에 어떻게 도움이 되는 거죠?"

흰 블라우스를 입은 진행자는 Q 선생을 바라보았다.

"아무래도 Q 선생님께서 마무리 멘트 겸 한 말씀 더 해 주셔야 할 것 같은데요?"

진행자의 권유에 Q 선생은 일어서며 마이크를 잡았다.

"견문과 경험이 넓으면 식견이 풍부해지므로 어떤 문제를 해결할 때 당연히 선택의 폭이 넓어지고 더 나은 결정을 할 가능성이 높아지겠죠. 물론 문제해결도 잘 할 것이고요. 한 가지 경험을 하지 못하면 한 가지 지혜가 생기지 않는다는 격언이 답이 되지 않을까요?"

참석자들은 견문과 체험이 아이들뿐만 아니라 아빠 엄마들의 삶도 더 풍요롭게 만들어 줄 것이라고 생각하지 않았을까?

25

판단-결정-평가에 함께 참여하기

"오늘 주제는 아마도 자생력 기르기의 핵심 방법 가운데 하나일 것이라고 생각합니다."

솔미 엄마가 약간 비장한 표정으로 오프닝 멘트를 했다.

"공지한 대로 오늘 주제에 대해 기업 연수원 교육팀장으로 있는 사촌 오빠를 초빙했습니다. 저 뒤에 와 계시는데… 앞으로 나와 주세요."

참석자들이 뒤를 돌아보자 훤칠한 키에 단정한 캐주얼 차림의 젊은 신사 한 분이 걸어 나왔다.

"반갑습니다. 정선도라고 합니다. 10여 년간 리더십과 동기부여 강의를 했는데, 아파트 포럼은 처음이군요. 멋집니다. 하하하. 요청받은 주제는 '자생력을 기르는 셀프 리더십 방법'이었어요. 사실 셀프 리더십은 그 자체가 자생력을 의미하죠. 기업의 교육 내용이만 아이들 교육에도 적용할 수 있는 '판단-결정-평가'에 함께 참여하기를 중심으로 말씀드리고자 합니다."

참석자들의 시선이 집중되자 정 팀장은 주변을 한 번 둘러보고 설명을 이어 갔다.

"사람들이 어떤 행동을 할 때는 대체로 네 단계의 과정을 거칩니다. 먼저 상황을 판단해 보고 최적 방안을 결정한 다음에 실행을 하고 그 후에는 잘되었는지 평가를 한다는 거죠. '판단-결정-실행-평가'라고 요약할 수 있는데, 간단한 예를 들어 보면, 솔미가 친구 생일 파티에 초대받아 선물을 사려고 하는 상황을 가정해 볼게요. 먼저 어떤 선물이 좋을지 판단을 해 보고 친구가 좋아할 것 같은 선물을 사서 생일 파티에 참석합니다. 그리고 비용이나 친구가 좋아했는지 등 선물이 적절했는지 어떤 평가를 한다는 것이죠. 물론 때에 따라 생략하는 단계도 있고, 생각하지도 않은 결정을 할 때도 있겠지만요. 우리 어른들도 그런 경우가 많지 않나요?"

그때 앞에 앉은 엄마들이 거들었다.

"제 아이에게도 그런 경우가 있었어요. 준비해 간 선물이 친구가 이미 가지고 있던 물건이었대요. 그래서 다음부터는 서로 물어보고 선물하기로 했다더군요."

"제 아이는 비싼 선물을 사서 용돈이 부족했나 봐요. 친구가 좋아해도 용돈에 맞추어야겠다고 하더군요."

두 엄마의 이야기를 듣고 정 팀장은 설명을 이어 갔다.

"그렇죠. 그런 경우가 평가 단계죠. 그런데 자생력을 기르기 위해서는 판단-결정-평가의 과정에 아이 본인이 참여하는 것이 핵심입니다. 가족여행, 아이의 방 배치, 학원 등 아이와 관련되는 일들에 적용할 수 있죠. 흔히 엄마 아빠가 판단과 결정을 하고 잘되었는지 평가까지 한다면 아이는 소외되어 자생력을 기르기는 어렵다고 봅니다."

이때 가끔 참석하던 한 아빠가 정 팀장에게 양해를 구하고 회사에서 교육받은 내용과 의미가 참 비슷하다며 의견을 이야기했다.

"회사의 관리자 교육이었는데요. 요점은 부서장이 모든 일을 도맡아 하려 하지 말고 부서원들을 임파워먼트(empowerment) 시켜라, 즉 자율 능력을 길러 주라는 것이었어요. 흔히 부하들이 상급자가 시킨 대로 일만 하게 하면 상급자가 관여하는 일은 늘어나고 효율도 감소한다는 겁니다. 그래서 꼭 필요한 보고와 상의 외에 실무자가 자기 업무를 주도적으로 수행하게 하면 상급자의 일도 줄고 담당자의 의욕과 책임감은 물론 성과도 증가한다는 것이었어요."

진지하게 듣고 있던 솔미 엄마가 말을 이어받았다.

"제가 볼 때는 상급자를 부모로, 담당자를 아이로 바꾸면 가정에서의 상황과 같을 것 같아요. 아이가 부모가 결정해 주는 대로 따르기만 하면 자칫 마마보이가 될 가능성이 더 클 것 같고… 어리더라도 자기의 일에 참여시키는 것이 좋다는 말씀이군요."

정 팀장은 준비했던 표 하나를 보여 주며 말했다.

"핵심은 아이를 삶의 주인공이자 자기 일의 주체로 만들어 주는 것이거든요. 시킨 대로 하면 '꼭두각시'지만 주체가 되면 '주인공'이 되

행동 과정

행동 과정	담당자/아이의 입장	
	꼭두각시	주인공
상황의 판단	상급자/부모 위주	담당자/아이 중심(상급자/부모의 조언과 상의)
대안의 결정	상급자/부모 위주	담당자/아이 중심(상급자/부모의 조언과 상의)
결정안의 실행	실무자/아이	담당자/아이가 실행
실행 후 평가	상급자/부모 위주	담당자/아이 중심(상급자/부모의 평가 학습)

는 것이죠. 여기 표는 회사와 가정의 상황을 반영해 본 것인데 본질은 같다고 봅니다."

정 팀장의 설명이 끝나자, 참석자들은 감사의 뜻으로 박수를 보냈는데, 라라 엄마가 재미있는 의견을 제시했다.

"처음부터 들어 보니… 아이가 마마보이가 되는 과정과 관련이 있네요. 판단을 못 하게 하고 아이 일을 대신해 주면서 시킨 대로만 따르게 하며 부모의 입장에서 잘잘못을 평가한다면… 역설적으로 마마보이 만드는 비법이 될 것 같아요. 아마 순도 99%짜리 마마보이가 될 것 같은데요."

참석자들은 함께 웃었다. 이로써 오늘 모임을 마무리했다. 솔미 엄마와 정 팀장은 참석자들로부터 감사의 인사를 받았고, 사람들은 뭔가 배워서 얻어 가는 느낌이 들어 기분 좋은 느낌을 가지고 집으로 향했다.

26

꿈과 목표, 그리고 계획을 스스로 세우도록!

오늘은 포럼이 시작된 이래 가장 특별한 날이다. 여름방학 시즌이 되면서 두 아이가 참석하여 자기가 세운 목표와 계획을 발표하기로 했기 때문이다. 주위의 산이 푸르러지면서 아파트 곳곳에 피어난 꽃들, 특히 장미가 너무 아름다웠다.

"포럼에 오는 길에 꽃들을 보며… 봄에 씨앗을 뿌린다고 하여 모두 꽃을 피우는 것은 아니겠지만 씨앗을 뿌리지 않는다면 아무런 꽃도 피울 수 없듯이 우리 포럼이 아이들에게 씨앗을 심어 주는 일이라는 생각이 들었답니다. 오늘 아이들의 이야기를 들어 보는 특별한 시간을 마련했습니다. 도도와 미미의 이야기를 들어 볼 텐데 힘껏 박수를 쳐 주세요. 먼저 도도 이야기를 들어 볼까요?"

솔미 엄마의 멘트에 사람들의 박수와 환호 속에 올해 초등학교에 입학한 도도가 걸어 나왔다.

도도(AI 이미지)

"안녕하세요? 파란 초등학교 1학년 도도입니다. 여름방학이 되면서 엄마가 계획을 세워 보라고 하셔서 계획을 짰는데, 방학 때 실천해 보려고 합니다."

살짝 머뭇거리면서도 또박또박 말하는 아이가 참 대견스러웠다. 도도는 바인더 같은 것을 펼쳐 보이면서 말을 이어 나갔다.

"여름방학 한 달 동안에 세 가지를 해 보려고 해요. 아빠랑 엄마도 좋다고 하셨어요. 첫 번째로는 수영을 잘하는 거예요. 처음에는 키판을 잡고 거북이를 등에 달고 했지만, 이제는 거북이만 달고 수영을 할 수 있어요. 방학 동안 열심히 연습해서 거북이 없이도 수영을 해 보고 싶어요.

두 번째로는 동화책을 30권 읽는 거예요. 책들은 이미 다 정해 놓았고 하루에 한 권씩 읽을 거예요. 혼자서도 읽고 할머니랑도 같이 읽으려고요. 왜냐하면 저희 엄마, 아빠는 바쁘시거든요. 할머니는 목소리도 좋고 재미있게 잘 읽어 주셔서 좋아요.

세 번째로는 줄넘기인데요. 제가 좋아하는 운동인데 지금은 한 번에 50번까지 할 수 있지만 꾸준히 연습해서 80번까지 늘려 보려고요. 아침저녁으로 연습하면 늘릴 수 있을 거 같아요. 저의 여름방학을 응원해 주세요!"

참석자들이 박수로 응원했는데, 초등학교 선생님으로 일했던 라라 엄마가 질문을 했다.

"도도야. 참 좋은 계획인 것 같구나. 그런데 그런 계획을 세운 이유가 뭘까?"

"네. 저는 수영을 보조도구 없이 해 보고 싶은데, 학교 갈 때는 연습하는 시간이 부족하거든요. 수영하고 줄넘기는 체력도 좋아지고 제가 좋아하거든요. 독서도 방학 때 과학 동화를 많이 읽고 싶어서요."

"그렇구나. 멋지게 해 보렴."

다음은 초등학교 5학년인 미미가 인사를 하고 계획을 소개했다.

"안녕하세요! 미미랍니다. 저는 5학년이라서 방학 계획을 여러 번 세워 봤는데, 안 세울 때보다 세울 때 방학을 더 알차게 보냈던 것 같아요. 이번 방학에는 독서와 글쓰기, 그리고 저의 적성 찾기 세 가지를 해 보려고 해요.

이번에는 유럽에 대한 책을 많이 읽으려고 합니다. 좀 더 크면 세계여행을 하고, 제가 일할 분야에서 책을 쓰고 싶은데 미리 공부도 될 테니까요. 글쓰기는 나중에 책을 쓸 때 필요한 능력이라서 지금 다니는 학원에서 한 단계 높은 지도를 받고 방학 중에 글쓰기 자격증 시험도 한 번 보려고 해요. 세 번째는 적성 찾기랍니다. 학교에서도 간단한 진단을 받았고 저는 좀

미미(AI 이미지)

안다고 생각하지만, 전문적인 진단검사를 받아 앞으로의 공부에 참고해 보려고 한답니다."

참석자들은 5학년이라 역시 좀 더 수준이 높다고 하면서 박수를 보내 주었다.

"오늘 두 어린이가 좋은 내용을 발표해 주었어요. 다시 한번 큰 박수를 보내 주세요."

어린이들이 인사를 하고 손을 흔들며 나가자, 솔미 엄마는 이제 어른들의 의견을 들어 보자며 진행을 이어 갔다. 라라 엄마가 약간 들뜬 얼굴로 의견을 이야기 시작했다.

"맞아요. 꿈은 꾼다고 모두 이루어지는 것은 아니라 하더라도 꿈조차 꾸지 않는다면 아무것도 이루어지지 않는 게 아닐까요? 『어린 왕자』에서 '항해하고 싶은 어린이에게는 배 만드는 기술을 가르치기보다 바다에 대한 동경심을 먼저 키워 주어야 한다.'고 한 생텍쥐페리의 말이 생각나는군요. 저는 초등학생 아이 두 명을 키우는데, 초등에 입학하면서 꿈을 적어 보고 시간표도 그려 보게 했어요. 제법 자기 생활을 관리하는 습관이 생기는 것 같았어요."

한 엄마가 질문을 했다.

"그런데 계획을 세우면 아이가 실천을 잘 하나요? 우리 아이는 게임과 아이패드 만화를 무한정 보려고 해서 한 시간만 하라고 이야기해도 잘 안 듣거든요."

"네, 처음에는 잘 안 되지만, 실천을 잘하면 상도 주고…. 예를 들어, 독서를 잘하면 게임을 한 시간 보게 한다든지… 점점 자기가 노는 시간도 정하고 제법 지키려고 한답니다. 교육 방송에서 보니 부모가 정해 준 것보다 스스로 한 약속은 더 잘 지킨다고 하더군요."

차분히 노트에 메모하던 한 엄마가 손을 들었다.

"목표나 계획은 초등학교 방학 때부터가 좋은 것 같아요. 우리 아이는 2학년 때 한자 7급 공부와 위인전 10권 읽기를 하겠다고 자기가 계획을 세워 실천하더군요. 요즈음은 자기가 세운 계획을 먼저 엄마에게 말해 주니 제 자식이지만 대견한 느낌이 든답니다. 괜히 자식 자랑하게 된 것 같아 부끄럽네요. 호호호."

참석자들은 아이들이 초등 고학년과 중·고등학생이 되면 더 구체적인 미래 진로를 생각할 것이라고 하면서, 이를 위해 견문과 경험을 넓혀 주기, 평소 자기목표와 계획을 세워 실천하도록 하는 것이 좋겠다는 솔미 엄마의 마무리 멘트에 공감했다.

27

아이의 적성과 장점을 살피자

여름방학도 끝나고 더위도 차츰 기세가 약해지기 시작했다. 방학 동안에도 아이들은 가족여행도 가고 학원에 다니고 운동 등을 하며 나름 바쁜 시간을 보냈다. 오늘 모임의 주제는 '아이의 적성과 장점을 잘 살피자'는 것이다. 이 주제를 제안한 분은 50대 중반이라고 자기를 소개를 한 남자 주민이었는데, 자녀 둘을 키운 경험을 소개하고 싶다고 했다.

솔미 엄마가 오프닝 멘트를 하고 소개하자 그는 단상 앞으로 나왔다.

"포럼을 알게 되고 경험을 나누면 도움이 될 것이라고 생각했어요. 제 아들과 딸은 대학을 졸업했는데, 결론부터 말씀드리면 아들은 전공을 바꾸어 다시 대입 준비를 하고 있고 딸은 자기 일을 하고 있답니다. 아들의 경우는 적성을 잘 살피지 않은 상태에서 학과를 선택했고, 딸은 적성과 본인 의지로 학과를 선택했지요.”

“딸의 경우가 더 옳았다고 생각하시는 거죠? 실제로 적성보다 점수나 부모의 뜻대로 진학했다가 나중에 전공을 바꾸거나 진학을 다시 하는 경우들을 흔히 볼 수 있지요.”

한 엄마의 질문에 그는 그렇다고 답하면서 당시 이야기를 들려 주었다.

“아이들이 중·고교생이었을 무렵 교육학을 전공하고 대학 강사로 일하는 친구가 있었어요. 어느 날 친구 모임에서 참고해 보라며 자료를 하나 주었는데, 제목이 ‘다중지능이론’이었어요. 당시 저는 아들이 제 사업을 잇는 기업 경영자가 되기를 강하게 희망했고 아들은 확신이 없는 상태에서 경영학과에 진학을 했지요. 그런데… 진학 후 흥미를 갖지 못하고 힘겨워하던 아들은 2년 만에 포기하고 다시 대입 준비를 하게 되었어요. 딸은 고교 시절 이미 자기 적성에 맞는 진로를 정하여 대학을 졸업하고 지금 자기 일을 하고 있죠.”

“적성과 장점을 잘 살핀 딸의 경우가 더 바람직하다고 생각하시는군요. 그러면 다중지능에 대해 좀 더 소개해 주실 수 있나요?”

솔미 엄마의 요청에 그는 한 페이지짜리 그림 자료를 나누어 주었다.

“하버드대학교 교육학과의 하워드 가드너 교수는 인간에게는 언어, 인간 친화(대인관계), 자연 친화, 논리수학, 신체운동, 자기성찰, 음악, 공간지각 등 적어도 8가지의 다중지능(Multiple Intelligence)이

출처 : 21세기 아이들서점 블로그

있다고 보았어요. 논리수학 중심의 지능지수(IQ)와 인간 친화 중심의 감성지수(EQ) 외에 다양한 지적 능력을 제시한 것이죠. 그래서 사람에 따라 더 강한 지능과 약한 지능이 있다는 것이죠. 물론 모든 학자들이 가드너 이론에 동의하지는 않는다고 하지만, 광범위하게 수용되고 있다고 합니다. 주위의 예를 보더라도 음감이 좋은 사람은 노래 박자와 리듬을 금방 익히고 악기도 쉽게 배우죠. 운동에 관한 신체감각 지능도 비슷하지요."

한 엄마가 질문을 했다.

"혹시 어떤 분야의 지능이 떨어진다고 하더라도 열심히 노력하면 충분히 성취하고 성공도 할 수 있지 않을까요?"

"불가능한 것은 아니겠지만 확률이 매우 낮지 않을까요? 가령 음악 감각이 좋지 않은 사람은 노력해도 악기를 연주하거나 음악분야의 발전이 쉽지 않죠. 교육 전문가들은 어떤 분야든 바탕 소질이 좋아야 노력도 효과가 있다고 합니다."

"아, 네. 그런데 아이들에게 적합한 지능을 알아볼 수 있는 방법에는 어떤 것들이 있을까요?"

"요즈음 지능과 적성을 진단하는 여러 방법이 있다고 해요. 학교에서 하는 것도 있고, 진단해 주는 교육기관들도 있습니다. 지난번 모임에서 미미도 방학 계획에서 적성 진단을 받아 본다고 이야기하더군요. 다중지능이론 외에도 다른 좋은 이론이나 MBTI 같은 성격유형 진단도 함께 활용하면 도움이 될 것이라 봅니다. 학교 선생님하고 상의해도 좋겠죠.

그리고 아이를 관찰하고 대화하는 것이 필요하다고 봅니다. 저는 아이들이 다 크고 나서 보니 정말 아는 것이 별로 없었어요. 반성하지만 이미 지난 일이죠. 그래서 관찰과 대화를 권하는 것입니다. 아이가 좋아하고 즐거워하는 분야, 몰입하는 과목, 발달이 잘 되는 분야, 실력을 자랑하는 분야, 관심이 많은 직업이나 위인, 친구들과 어울리는 모습, 동물이나 식물에 대한 관심과 친화 정도 등 다양하죠. 또한 위와 반대로 아이가 싫어하는 놀이나 분야, 쉽게 지치고 흥미를 잃는 분야, 집중하지 않는 분야나 놀이, 노력해도 성과가 잘 안 나는 과목이나 분야 등도 적성을 아는 데 도움이 되겠지요."

그분의 이야기에 우리는 '과연 우리는 얼마나 적성과 희망에 맞는 전공과 직업을 선택하며 살아가고 있는가?'를 성찰할 수 있었다. 솔미 엄마는 마무리를 준비하면서 Q 선생님에게 멘트를 요청했다.

"경험을 소개해 주셔서 잘 들었습니다. 저도 반성이 되고요. 다만 아이들의 의견을 존중하더라도 무조건 아이들 뜻대로만 할 수는 없잖아요? 부모의 지도도 필요하고… 그리고 하기 싫다고 안 해도 되는 것이 아니라 '해야만 하는 일을 해야 나중에 하고 싶은 일도 할 수 있다.'라는 말의 의미도 새겨 줄 필요는 있다고 봅니다. 아이들의 적성과 성격을 살펴서 진로 선택을 돕는 것은 당연히 부모의 역할이고 권장할 일입니다."

포럼이 진행될수록 부모로서 알아야 할 중요한 일들이 참 많다는 것을 알게 되어 다행이라는 생각이 들었다. 또한 좋은 부모가 되는 것은 아이만을 위한 일이 아니라 부모와 가정 전체의 행복을 위한 길이라는 확신이 점차 들기 시작했다.

28

좋은 언어습관을 길러 주기

"자생력 인생을 위해서는 타인을 존중하고 배려하면서 주도적인 커뮤니케이션을 할 수 있는 능력이 중요합니다."

지난 모임을 마무리하며 도도 아빠가 커뮤니케이션을 주제로 제언하며 한 이야기이다. 모두 공감했기에 오늘 소통 능력과 언어습관을 논의하게 된 것이다. 도도 아빠는 경영자 자문 모임에서 알게 된 내용을 소개하고 싶다며 오프닝 멘트를 했다.

"간단한 내용 하나만 제가 소개하고, 언어습관에 관해서는 학교에서 국어를 가르치시는 제 친구 김정음 선생님에게 부탁하여 모시고 왔습니다."

참석자들은 호기심 어린 표정으로 도도 아빠와 국어 선생님을 바라보며 박수를 보냈다.

"세계적인 경영자문 회사인 보스턴 컨설팅그룹의 흥미로운 조언이 있는데요. 커뮤니케이션 단계마다 발생할 수 있는 장애들을 잘 보여 줍니다."

커뮤니케이션 단계마다 발생할 수 있는 장애들

① 내가 말했다고 해서 상대방이 들었다고 할 수 없다. (Said≠Heard)
　내가 이야기하는 동안에 상대방은 딴생각을 하고 있을 수 있습니다.

② 상대방이 들었다고 해서 경청했다고 할 수 없다. (Heard≠Listened)
　귀로 소리는 듣지만, 내용은 흘려들을 수도 있습니다.

③ 귀를 기울여 경청했다고 해서 내용을 이해했다고 할 수 없다.
　(Listened≠Understood)
　내용을 경청했지만 의미를 이해하지 못할 수도 있습니다.

④ 내용을 이해했다고 해서 동의했다고 할 수 없다.
　(Understood≠Agreed)
　내용은 이해했지만, 의견에 동의하지 않을 수도 있습니다.

⑤ 내용에 동의했다고 해서 설득되었다고 할 수 없다.
　(Agreed≠Convinced)
　여러 여건상 동의는 했지만, 내면으로 충분히 찬성하지 않을 수도 있습니다.

⑥ 설득되었다고 해서 행동에 나선다고 할 수 없다. (Convinced≠Acted)
　찬성하지만, 행동으로 실천에 나서지 않을 수도 있습니다.

"사람들은 흔히 '내 말을 상대방이 알아들었을 것이므로 내 의도대로 행동해 줄 것'이라고 생각한다는 겁니다. 직장이든 가정이든 윗사람들이 더욱 그렇죠. 사실 저도 아이들에게 어떤 이야기를 하면 다 알아들었을 것이라고 단정할 때가 많거든요. 사실 상대가 제대로 알아들었는지 공감했는지도 모르면서 내가 말을 한 대로 되지 않으면 상대방을 탓하기도 합니다."

"정말 우리도 소통이 안 되는 이야기를 주고받는 경우가 많은 것 같아요. 그런데 자생력과 어떤 관계가 있죠?"

"네. 인간관계에서 자신의 뜻을 적절하게 반영하는 상호작용은 자생력의 중요한 속성이죠. 상대방의 뜻을 잘 파악하고, 나의 뜻을 명확하게 알리고 설득하며 소통할 수 있어야 한다는 점에서 깊은 관계가 있다고 봅니다."

몇 사람의 의견이 더 오간 후에 도도 아빠는 약력과 함께 김정음 선생님을 소개했다.

"방금 소개받은 김정음입니다. 친구가 좋은 언어습관에 관한 멘트를 요청해서 나오게 되었습니다. 호기심도 생겼고요. 우리는 모두 자기의 인생 정원을 가꾸는 정원사라고 생각해 보죠. 인생 정원을 멋지게 꾸미는 데 필요한 많은 재료 중에서 언어라는 재료가 오늘의 포인트입니다."

김 선생님의 멘트에서 '인생 정원'이라는 단어에 왠지 호감이 갔다.

"사람들은 의외로 자신의 의사소통 스타일을 잘 모르거나 또는 자신은 잘하고 있다고 생각하는 경향이 있다고 합니다. 좋은 습관에 대해 몇 가지 살펴보겠습니다.

첫째는 경청입니다. 도도 아빠가 조금 전 소개한 내용은 저도 처음 본 자료인데 참 유익한 내용인 것 같습니다. 저도 학교에서 수업 시간에 학생들이 당연히 제 말을 잘 들었을 것이라 생각했는데, 그렇지 않을 수도 있다는 것을 다시 깨달았습니다."

참석자들은 경청에 대해서는 많이 들어 보아서인지 약간 식상하다는 반응을 보였는데, 두 번째 내용은 좀 더 관심을 끌었다.

"둘째는 긍정적 용어 사용의 습관화입니다. 우리는 누군가와 대화할 때 무의식중에 많이 쓰는 단어들이 있습니다. 그 단어들은 마음 상태를 나타내는데 정작 본인은 잘 의식하지 못합니다. 표를 한번 보실까요?"

김 선생님은 준비해 온 자료를 프로젝트에 비추었다.

자신과 타인에 관한 말의 표현

구분	부정적 표현	긍정적 표현
자신에 관한 표현	자기비난, 자책, 무가치감, 실수, 후회, 창피, 분노, 피로, 초조, 불만, 짜증, 불안, 고독, 회피, 슬픔, 두려움 등	행복, 의기양양, 자존감, 즐거움, 보람, 자신감, 희망, 감사, 만족, 수용, 생기, 기쁨, 극복, 자랑, 반성, 여유, 성취 등
타인에 관한 표현	비판, 분노, 반대, 무시, 미움, 경쟁, 의심, 질투, 부담, 두려움, 눈치, 죄송, 초조, 좌절, 신경쓰임 등	관심, 연민, 이해, 감사, 존경, 애정, 인정, 친밀, 베품, 선의, 칭찬, 배려, 존중, 은혜, 아량, 선행 등

방루치 포럼

"표를 보시면 쉽게 알 수 있으시죠? 왼쪽은 부정적 표현, 그리고 오른쪽은 긍정적 표현의 용어들입니다. 어느 쪽을 많이 사용하면 더 자존감과 행복감이 높은 인생을 살게 될까요? 여러분은 자신과 타인에 대해 어떤 표현을 사용하고 계신가요? 여러분의 자녀들이 어떤 표현을 많이 하기를 바라시나요? 아이들의 언어 습관이 어른들로부터 영향을 받는다고 볼 때 한번 체크해 볼 필요가 있지 않을까요?"

참석자들은 자신과 아이들의 말을 상기하듯 표를 찬찬히 들여다보았다. 그리고 긍정적인 언어가 긍정적인 생각을 만들고 더 나은 삶으로 변화시킬 확률이 높다는 김 선생의 이야기에 공감했다.

"셋째는 아이들의 기운과 창의성을 꺾는 말을 삼가고 힘과 용기를 주는 말을 해야 한다는 것입니다. 아이들의 자생력은 용기와 격려를 먹고 큰다고 보거든요. 제가 대조적인 표현의 예를 들어보겠습니다."

스크린에 비춘 대조표는 다음과 같았다.

아이들에 대한 표현의 예

기운과 창의성을 꺾는 표현	기운과 창의성을 살리는 표현
1. 말도 안 되는 소리, 하지도 마라!	1. 그런 생각을 다 해 보았구나.
2. 네가 그것을? 비켜 내가 할게!	2. 그래! 네가 한번 해 보아라.
3. 그 쓸데없는 짓 좀 그만해라.	3. 경험이 될 거야. 한번 해 봐도 좋겠다.
4. 너는 그런 것은 몰라도 돼.	4. 네가 살펴보고 의견을 말해 줘
5. 이건 규칙이야. 그대로 따라야 해!	5. 규칙의 문제점과 개선점을 찾아봐.
6. 웬 말이 그렇게 많아? 하라면 할 것이지!	6. 네 의견이 다르구나. 내용을 말해 봐.
7. 도대체 넌 나중에 뭐가 되려고 그러니?	7. 좀 엉뚱하긴 하지만, 새로운 길을 찾아봐.
8. 그걸 꼭 해 봐야 아냐?	8. 생각과 다를 수 있지. 해 보고 말해 줘.
9. 네가 하는 일이 다 그렇지 뭐.	9. 실패할 수도 있겠지만 좋은 경험이 될 거야.
10. 당연한 걸 뭘 잘난 척 떠드는 거야?	10. 네가 해낸 일이니, 발표해도 되겠다!

"대체로 격려하는 표현은 경험을 통해 배움을 장려하고, 기운과 창의성을 꺾는 말은 시도를 억제하는 표현이 많습니다. 한 가지 경험을 쌓지 않으면 한 가지 지혜가 자라지 않는다는 격언도 있죠. 용기와 창의성은 자생력의 영양소입니다."

참석자들은 대개 알고 있던 내용이지만, 막상 표로 보니 새삼스럽게 느껴졌다.

"넷째, 제스처입니다. 커뮤니케이션 효과에 관한 연구들을 보면, 제스처를 사용하는 어린이는 그렇지 않은 어린이에 비해 어휘력이 풍부해지고 전달력이 더 좋아진다고 합니다. 마치 몸짓과 함께 말하는 구연동화처럼 말이죠. 아이들의 제스처 능력은 부모들이 롤 모델이 되어 대체로 생후 10개월쯤 되면 발달하기 시작한다고 합니다."

"아, 흥미롭네요. 제스처라면 손짓을 말하나요?"

"손동작을 포함하여 몸동작과 연기 및 표정 등 매우 다양하죠. 그래서 대화에서 기운을 살리는 추임새를 넣는다면 소통의 효과는 물론 정서적 관계도 좋아지게 됩니다."

참석자 한 사람이 공감한 듯 말을 이었다.

"말씀을 듣고 보니 이웃을 만났을 때, 말로만 인사하는 경우보다 웃으면서 손을 흔들며 인사할 때가 훨씬 정겹게 느껴졌어요. 아이들과도 서로 제스처를 더 많이 사용해야겠어요."

모임을 마치고 돌아가는 시간, 손을 흔들며 인사하는 사람들이 훨씬 많아졌다.

29

칭찬! 적극적으로 하되 중독증은 경계하기

짙푸르렀던 나뭇잎들도 색깔이 조금씩 갈색빛을 띠는 가을로 접어들기 시작했다. 여름 동안 농작물과 과일들을 영글게 한 것을 칭찬받으려는 듯 계절은 하늘을 푸르게 펼쳐 놓았다.

오늘의 주제는 '칭찬'이다. 삶의 동력에 관해 내면 에너지와 외부 에너지를 논의했었는데, 대표적인 외부 에너지인 칭찬에 대해 좀 더 의견을 나누기로 했다. 당시 모임에서 아이들은 칭찬을 먹고 자란다며 칭찬을 아끼지 말자는 데 이견이 없었다. 하지만 Q 선생은 세상 만사가 양면성이 있는 법이니 칭찬의 빛과 그림자를 함께 보면 좋을 것이라고 조언했다.

"오늘은 특별히 초등학교 4학년인 솔솔이가 칭찬받는 아이의 감정에 대해 이야기해 주고, 솔솔이 아빠도 발표하고 싶다고 청하셨어요.

솔솔이 이야기에 앞서 학원 강사를 하시는 미미 아빠가 간단한 멘트를 해 주시겠어요?"

"미미 아빠입니다. 학생들을 가르치면서 칭찬의 효과를 절감하고 있습니다. 칭찬은 학습 동기와 기를 살리는 좋은 방법이어서 확실히 아이들에게 에너지를 주는 것 같아요. 칭찬을 받고 자란 아이와 비난을 받고 자란 아이의 모습을 비교해보면 쉽게 알 수 있겠죠. 그래서 칭찬은 아낄 필요가 없다고 생각하고 있어요. 그런데 오늘 유의할 점도 논의한다고 하니까 매우 궁금해집니다."

"저도 미미 아빠와 생각이 같아요. 그럼, 칭찬을 받는 아이의 감정을 먼저 들어 보죠. 우리도 어릴 때 칭찬도 많이 받았을 텐데…. 기억이 나시나요? 호호호. 솔솔이의 이야기를 들으면서 되살려 보죠."

솔미 엄마는 솔솔이를 앞으로 나오게 했다.

"안녕하세요? 솔솔입니다. 엄마가 칭찬받는 마음에 대해 솔직하게 이야기해 보라고 하셨는데…. 엄마, 아빠가 들으시면 섭섭한 내용도 있는데 어쩌죠. 호호!"

제법 성숙한 티가 나기 시작하는 솔솔이는 여유 있게 이야기를 시작했다.

"저희 엄마는 칭찬을 많이 하시고 아빠는 적게… 그리고 담임 선생님은 정확하게 하시려는 편이에요. 엄마는 공부든 집안일이든 칭찬을 많이 하셔서 당연히 기분이 좋아요. 그런데 모든 일에 칭찬하시니 어떤 때는 그냥 하시는 건가? 이런 생각도 들고, 칭찬을 안 하시면 뭔가 잘못했나? 약간 불안한 느낌도 들어요. 아빠는 제가 정말 칭찬받을 일인데도 아무 말 없으실 때가 많아서 서운하고요.”

“그렇구나. 담임 선생님은 어떻게 하시는데?”

솔미 엄마가 물었다.

“선생님은 정말 칭찬받을 일을 한 아이들을 칭찬하시는 것 같아요. 그러니까 칭찬받으면 당연히 신이 나서 더 잘하고 싶죠. 칭찬을 받으려고 노력하는 아이들도 많아요. 그런데 가끔 정확하게 모르실 때도 있어요. 교실 청소나 학습 도구 정리를 열심히 한 아이들이 있는데도 못 보시다가 눈에 띈 학생만 칭찬하실 때도 있죠. 그럴 땐 속상하기도 하고 칭찬받은 아이가 우쭐해하면 좀 밉기도 하죠.”

솔솔이가 박수를 받고 모임방을 떠난 후에 마이크를 잡은 사람은 솔솔이 아빠였다.

“며칠 전 칭찬이 주제라는 말을 듣고… 저는 평소 칭찬이 너무 남발된다고 생각해서 좀 부정적이에요. 그런데 조금 전 제 딸아이가 서운하다고 말하는 것을 듣고 가슴이 뜨끔하네요. 하지만 칭찬 예찬론이랄까…. 칭찬을 싫어하는 사람이 없을 것이라고 생각해서인지 좋은 면만 강조하고 있는 것 같아요. 그런데, ‘칭찬의 효과는 각양각색이어서 슬기로운 자는 겸손하게 만드나 어리석은 자는 더욱 교만하게 만들기도 한다.’는 경구도 의미 있지 않나요?

‘칭찬은 고래도 춤추게 한다.’고 하는데, 얼마 전 SBS 스프(스브스 프리미엄)에 ‘칭찬이 고래도 삐치게 할 수 있다.’는 제목의 기사가 있어 관심 있게 보기도 했죠. 저는 칭찬을 부정하지는 않지만 좀 더 기분 좋은 칭찬을 위해 자료도 좀 조사했는데, 칭찬의 그림자 이야기를 해 보려고 합니다."

참석자들이 궁금하다는 표정으로 호기심을 보이자 솔솔이 아빠는 주머니에서 메모지를 꺼내 보면서 사뭇 진지해진 표정으로 설명했다. 내용은 대체로 다음과 같았다.

칭찬의 그림자

첫째, 평범한 칭찬이라도 고맙게 생각하는 경우가 많지만, 매번 의례적으로 하는 칭찬은 진정성이 결여된 것처럼 느끼게 하여 오히려 거부감이나 무감각하게 만들 수 있다. '흔하고 형식적인 칭찬은 가치를 하락시켜 고맙게 생각하지 않는다.'라고 한 사무엘 존슨이나 '처음 칭찬은 기분을 좋게 하지만, 반복적으로 거듭되면 빚으로 여기거나 장점을 강요하는 것처럼 된다.'라는 골드 스미스의 이야기도 있다.

둘째, 칭찬은 사람에 따라 부담을 느껴서 방어적으로 될 수 있다. 가령, 칭찬에 감추어진 부족함이나 문제점이 드러날까 봐 걱정하기도 한다. 또한 남에게 드러나는 것 자체를 싫어하여 면전이나 공개적인 칭찬을 피하려는 사람도 있다. 칭찬은 사람을 무대 위에서 춤추게도 하지만 무대 뒤로 숨게도 하는 것이다.

셋째, 칭찬은 평가하는 것이라서 칭찬하는 사람이 우월한 입장에 있음을 의미한다. 그래서 자존심이 강하고 성숙한 사람들은 평가받는 자체를 싫어하는 경향이 있다. 또한 칭찬하는 사람에 대해 신뢰나 존경심이 낮으면 오히려 냉소적으로 받아들일 수 있다.

넷째, 칭찬은 들을 만한 일에 대하여 들을 만한 사람에게 해야 한다. '바보를 칭찬하는 것은 그의 어리석음에 물을 주는 것과 같다.'는 경구도 있다. '까닭 없이 칭찬하는 사람을 경계하라.'는 일본 속담이나, '제대로 알지 못하고 대충하는 형식적인 칭찬은 고마움을 강요당하는 것 같아 기분을 상하게 한다.'라는 데이비드 흄의 충고도 있다.

다섯째, 적절치 않은 상황에서의 칭찬은 해를 줄 수도 있다. 칭찬은 공개적으로 하는 것이 좋다고 하지만, 때로는 동료나 경쟁자들의 질투와 견제 및 의심 등의 짐을 짊어지게 할지도 모른다.

여섯째, 칭찬은 자율성이나 창의성을 억제할 수도 있다. 칭찬은 칭찬하는 사람의 기준에 적합했다는 것이므로 창의적인 새로운 도전보다 칭찬인의 기준을 답습하게 될 수 있다.

일곱째, 칭찬인지 질책인지 모호한 경우가 있다. 가령 "네가 그 일을 잘한다고 생각해. 그런데 이런 점은 잘못되었고...." 이런 식의 칭찬에 이은 단점 지적이 습성화되면 "또 무엇을 지적하려고 하나...."라는 심리적 긴장을 느끼고 질책받은 느낌이 들 수 있다.

"정말 뜻밖에 칭찬에도 고려할 문제들이 많군요. 한꺼번에 모두 고려하는 것이 쉽지는 않겠지만 마음에 한 번씩 새겨야 할 것 같아요. 필요한 점들을 알려 주셔서 고맙습니다."
참석자들은 좋은 칭찬에 대한 논의를 이어 나갔는데, 다양한 의견들 중에서 동의가 많았던 내용들을 솔미 엄마가 정리했다.

좋은 칭찬 방법
첫째, 칭찬의 목적은 아이가 올바르게 성장하는 것을 돕는 것이다. 칭찬하는 사람의 기분을 위한 것이 아니라 아이의 성장을 위해 정신적 에너지를 북돋는 일이다.

둘째, 칭찬은 일상의 햇볕과 같은 것이니 아끼지 말자. 다만 모든 일마다 무조건 의례적으로 칭찬한다면 효과가 떨어질 수 있다. 또한 때로는 고쳐야 할 점들을 적절하게 지적하고 지도하는 것이 칭찬의 신뢰성을 높인다.

셋째, 굵직한 것만이 아니라 작은 일들도 칭찬의 대상이다. '높은 산만을 칭송하지 말라. 평야나 언덕도 자연의 일부이다.'라는 베일리의 말도 있다. 일상에서 작은 칭찬거리도 눈여겨보자.

넷째, 아이가 스스로 판단하여 자율적으로 한 일에 대해 특별히 칭찬을 해 주자. 어른의 눈에는 이상해 보이더라도 아이의 창의적인 시도를 격려하여 자신감을 갖게 하자.

다섯째, 칭찬은 아이의 기분을 좋게 하는 일이다. 아이의 마음 상태를 고려하여 적절한 시간과 장소, 방법을 판단하는 것이 바람직하다.

여섯째, 칭찬은 받을 만한 사람과 일에 대해 하는 것이다. 무조건 큰 칭찬보다는 아이가 이룬 일의 정도에 알맞은 수준의 칭찬이 바람직하다.

일곱째, 결과만이 아니라 과정도 칭찬하자. 좋은 성적이나 입상의 결과뿐만 아니라 노력한 과정도 칭찬하고, 필요한 조언이나 지도를 함께 해 주자.

여덟째, 칭찬의 생명은 진심과 신뢰성 및 일관성이 중요하다. 자녀가 신뢰하고 따르는 부모의 모습을 갖추고, 정말 진정성이 담긴 칭찬, 그리고 일관성이 있는 칭찬을 하자.

집으로 돌아가는 참석자들의 마음속에는 집에 가면 아이를 진심으로 칭찬하고 싶다는 생각이 들지 않았을까…. 저녁노을이 사람들을 응원하는 듯 아파트단지 뒤편으로 아름답게 하늘을 물들이고 있다.

방루치 포럼

성공과 실패에 대한 자세,
답을 주기보다 좋은 질문을!

"우리는 살다 보면 성공하기도 하고 실패하기도 하죠. 아이들도 그렇게 커갈 텐데, 아이들의 성공, 실패 경험과 부모의 역할에 관해 저희 신랑이 오프닝 멘트를 해 주기로 했습니다."

솔미 엄마가 부부가 함께 출연한다며 웃음 짓고 소개하자 솔미 아빠는 앞으로 걸어 나왔다.

"잘들 지내셨죠? 제 이야기라기보다는 '아빠 육아연구소'의 좋은 자료가 있어서 간략히 소개하려고요. 자료의 제목은 '아이의 자생력을 키우는 방법'이었어요."

자못 기대하는 눈초리의 참석자들을 보면서 솔미 아빠는 프로젝터로 '헬리콥터 부모'라는 제목의 그림 한 장을 보여 준다.

"헬리콥터 부모란 아이의 주위를 맴돌며 지켜보다가 문제가 생기

자료 : '헬리콥터 부모', 아빠 육아연구소

면 즉시 해결해 주는 부모를 말하는데요. 아이들이 크고 작은 문제들에 직면할 때마다 '이것 좀 해 줘!'라고 소리치면 즉시 나타나 해결해 줍니다. 부모 역할을 충실히 한다며 흐뭇해하지만, 아이는 스스로 시도해 보거나 실패할 기회를 잃고 맙니다. 결국 아이의 자생력은 약해지는 것이죠."

모처럼 참석한 솔솔 아빠가 약간 짜증스러운 느낌으로 한마디 던진다.

"그건… 지금까지 이야기와 별반 다르지 않은 것 같네요."

"아… 네. 부모의 역할을 다시 한번 새기고, 성공과 실패 시의 마음가짐을 말씀드리고 싶어서요. 부모는 아이의 장애물을 없애 주는 사람이 아니라 장애물을 극복할 방법을 찾아 실행하는 능력을 기르도록 도와주는 사람이죠. 사실 아이가 겪게 되는 문제 상황들은 자생력을 키우는 기회입니다. 그걸 부모가 못 하게 막아 버리면 안 되겠죠.

방루치 포럼

자생력은 아이들에게 줄 선물이니까요."

아이가 해결책을 찾아가는 경험을 통해 자생력이 성장한다는 의미였다.

"그래서 아이가 '어떻게 해야 해?'라고 물으면 해결책을 말해 주기보다 '어떻게 해야 할까?' '왜 그렇게 생각해?'처럼 나름의 이유를 질문하는 것, 즉 답을 주기보다 아이의 생각을 키우는 질문을 하는 것이 좋다는 것입니다. 요즘 인공지능도 좋은 질문을 해야 좋은 답을 준다고 하잖아요? 손쉽게 답을 얻다 보면 문제를 풀려고 하지 않고 자꾸 정답지를 들추어 보고 싶어져서 해결을 시도할 기회를 잃게 됩니다. 답은 순간의 도움이 될 수는 있지만 좋은 질문은 평생에 도움이 됩니다."

"아, 좀 이해가 되었습니다. 참고할 만한 내용이군요. 그리고 성공과 실패에 대한 마음가짐은 뭔가요?"

솔솔 아빠가 긍정적인 반응을 보이며 질문을 하자 솔미 아빠는 설명을 이어 갔다.

"어느 리더십 책에 보니 이런 내용이 있더군요. 어떤 일에 성공하면 두 가지 마음이 생길 수 있는데, 하나는 자신감이고 다른 하나는 자만심이랍니다. 우리는 자만심이 아니라 자신감을 가져야 한다는 것이지요. 성공에는 분명 성공의 이유가 있습니다. 자만하지 않는다면 성공은 다음 성공의 어머니가 됩니다.

실패한 경우에도 두 가지 마음이 생길 수 있는데, 하나는 좌절감이고 다른 하나는 새로운 도전 의지랍니다. '실패는 성공의 어머니'라는 말이 있지만 그게 항상 맞는 말은 아닙니다. 좌절감에 잘 빠지는 사람들은 실패를 합리화하면서 동정이나 위로받기를 원하고 재기 의지에 소극적입니다. 반면에 새롭게 도전 의지를 갖는 사람들은 실패에서 교훈을 찾아 다시 일어서려 합니다. 이럴 때 비로소 '실패는 성공의 어머니'가 되는 것입니다.

승패란 전반전 스코어가 아니라 최종 스코어로 결정된다고 생각합니다. 톨스토이의 말처럼 본받아야 할 인생은 한 번도 실패하지 않은 인생이 아니라 실패에서 힘차게 일어서는 인생이라는 뜻이겠지요. 저는 아이들이 어릴 때부터 성공과 실패 경험에 대해 자신감과 새로운 도전 의지를 가지도록 지도하는 것이 좋다고 생각하여 말씀드렸는데, 잘 들어주셔서 감사합니다."

내용이 진지해서인지 왠지 약간 숙연한 분위기까지 감돌았다. 손주를 돌봐 주러 왔다가 호기심으로 참석했다는 할아버지 한 분이 조심스레 양해를 구하고 마이크를 잡았다.

"아이들에게 답을 주기보다 생각을 키우는 질문을 하자는 이야기에 너무 공감하여 제 자식들에게도 포럼 참여를 권해야겠어요. 그리고 성공과 실패에 대한 마음가짐은… 제 일생을 돌아보니 부끄러운 생각이 드는군요. 젊었을 때부터 그런 마음을 가졌다면 제 인생도 좀 더 좋아졌을 텐데…. 좋은 말씀 고맙습니다."

'성공이 성공의 어머니'가 되도록, 그리고 '실패도 성공의 어머니'가 되도록 살아가는 것이 자생력의 인생일 것이다.

한 사람은 응원자 역할을!

잘 익어 가고 있는 성숙의 계절을 응원하는 듯 가을햇살이 풍성하고 따사롭다. 오늘 주제는 아이의 응원자 역할이다. 자생력을 키우려면 마음의 힘이 필요하다는 뜻에서 미미 아빠가 제안했고, 학원에 근무하는 교육심리학 전공 동료 강사 한 분을 모시고 참석했다.

진행자인 솔미 엄마의 소개를 받은 동료 강사는 인사를 하고 마이크를 잡았다.

"생애 처음으로 아파트에서 강의를 하는 특별한 기회를 주셔서 감사합니다. 하하하~! 하와이의 섬 이야기로 응원자 역할 내용을 말씀드릴까 합니다. 하와이에 다녀오신 분들도 많으시죠? 하와이제도 북서쪽 끝에 있는 카우아이섬을 아시나요? 영화 〈쥬라기 공원〉이나 〈캐리비언 해적〉 등의 촬영지로도 유명하죠. 개척자들이 정착한 이후 현대문명이 유입되면서 한 때 지옥의 섬이라 불릴 정도로 다수의 주민이 범죄, 알코올 중독, 정신질환에 빠졌고 청소년들은 그런 환경에서 자라며 비행이 늘어 갔습니다.

인구 7만여 명인 주민들의 생활에 관심을 가진 학자들은 1955년에 태어난 833명에 대해 청소년기의 비행을 연구했습니다. 연구자들은 '불우한 환경의 아이들은 학습 효과로 비행 청소년이 되고 범죄자나 중독자의 삶을 살 것이다.'라고 예상했는데, 뜻밖의 결과를 발견합니다.

가장 열악한 환경의 201명을 분석했는데, 놀랍게도 약 30%의 아이들은 학교생활도 우수하고 장학생으로 대학에 진학하는 등 좋은 환경의 아이들보다 더 모범적으로 성장했다는 것이죠. 이들을 조사해 보니 공통점이 하나 있었는데, 그것은 비행에 대해 사람들이 야단치고 비난하더라도 어른들 중에서 최소한 한 명은 아이 편이 되어 응원해 주는 주었다는 것입니다. 응원자는 부모나 조부모, 삼촌이나 이모, 선생님 등이었는데, 응원해 주는 사람이 있었기에 어려운 환경에서도 용기와 힘을 얻었다고 말합니다. 안식처가 한 군데도 없다고 생각해 보세요. 얼마나 막막하고 절망적일까요?"

참석자들은 느꼈을 것이다. 어른도 누군가의 응원과 격려가 필요하듯이 하물며 어린이들이야 더 응원과 격려가 필요할 것이라는 것을! 솔미 부부는 작은 고백을 하나 했다.

"사실 얼마 전 친구 부부 모임에서 오늘 이야기를 미리 들었었죠. 우리 속담에 '소도 비빌 언덕이 있어야 한다.'고 하는데 하물며 사람

방루치 포럼

에게는 의지할 곳이 더욱 필요하다는 뜻이겠죠. 저희는 부부가 아이를 함께 혼낸 적도 있었는데 반성하고 한 사람은 응원자 역할을 하기로 했답니다."

강사 선생님은 부모 중에서 한 사람은 계속 악역을 맡고, 다른 사람은 감싸 주는 천사역만 맡는 것은 옳지 않은 것 같다며 사안에 따라 역할을 바꾸어 가는 것이 바람직하다는 이야기로 매듭을 지었다.

개방형 대화,
아이가 생각하면서 말할 기회를!

오늘은 평소 소심하고 잘 나서지 않는 미미 엄마가 진행을 맡았다. 포럼으로서는 특별한 날이다. 계절처럼 미미 엄마도 성숙해진 듯하다.

"아이들 자생력을 키우는 공부 모임인데…. 저부터 좀 용기를 가져 보려고 솔미 엄마한테 요청했답니다. 서툴더라도 격려해 주세요."

참석자들은 미미 엄마의 용기에 박수와 환호를 보냈다.

"오늘 주제는 '아이들에게 표현의 기회를 주자'는 것인데, 제 경험을 말씀드리고 싶습니다."

사람들은 미미 엄마가 무슨 이야기를 할까 궁금했다.

"지난주에 저희 아이가 학교에서 '숲 체험학습'을 다녀왔어요. 그런데 아이가 집에 왔을 때, 평소 겁도 많고 소심한 제가 한 이야기가 잘못되었다는 것을 알게 되었어요."

미미 엄마는 자기가 이렇게 물었다고 했다.

"'숲에 가면 벌레도 있고… 무서웠겠네. 위험하진 않았어?' 그런데 아이가 그러는 거예요. '엄마는 왜 무섭고 위험할 거라는 엄마 생각만 이야기해?'라고요."

순간 깜짝 놀랐다며 체험을 다녀온 아이 생각은 물어볼 생각도 하지 않았다는 것을 알아차린 것이다. 그리고 세 가지 질문을 만들어, 어떻게 말하는 게 좋을지 솔직하게 아이와 의견을 나눴다고 한다. 세 가지 질문은 이러했단다.

1. "학교 밖을 나갔다 와서 재미있었겠네."
2. "숲 체험학습? 산에 가서 힘들었겠다. 재미는 있었어?"
3. "숲 체험학습에서 무얼 했지? 기분은 어땠어?"

"아이의 의견은 뭐라고 했어요?"

참석자들은 아이의 반응이 궁금했다.

"네. 미미는 3번이 좋다고 했어요. 사실 1번은 엄마가 재미있었을 거라고 단정해서, 2번은 힘들지 않았는데 힘들었겠다고 단정해서 답하기가 내키지 않는다는 거예요. 3번은 엄마의 단정이 없어서 자기 생각을 자유롭게 이야기할 수 있다는 거예요."

인공지능 교육자인 도도 아빠가 의견을 이었다.

"미미와 좋은 대화를 나누셨네요. 1번과 2번을 폐쇄형 대화라고 한다면, 3번은 개방형 대화라고 할 수 있겠어요. 질문자가 먼저 제한을 두는 폐쇄형 질문에 비해 제한을 두지 않은 개방형 질문은 답변자가 더 자유롭게 자기 의견을 말할 수 있지요. 우리는 아이와 개방형 질문 방식에 관심을 가지는 게 좋을 것 같군요."

미미 엄마가 한 가지만 더 이야기하고 싶다면서 말을 덧붙였다.

"아이가 얼마 전에도 그런 경우가 있었대요. 그날 학교에서 선생님이 칭찬해 주었다고 해서 제가 '그래? 기분이 좋았겠네.'라고 했다는데, 사실 아이는 기분이 별로 좋지 않았었대요. 자기가 가장 어려운 문제를 풀었는데, 쉬운 문제를 푼 아이와 똑같은 칭찬을 받았다는 거예요. 그래서 '그래? 칭찬받았구나. 무엇 때문에 칭찬받았지? 기분은 어땠어?'라고 하면 어떻겠냐고 하니까 그게 좋다고 하더군요."

우리는 아이들과 대화할 때 부모로서의 의견과 감정을 먼저 말해 버리는 경우가 많다는 것을 알았다. 그래서 아이가 생각하면서 의견을 말할 수 있는 개방형 대화의 예를 아이가 해결해야 할 문제가 생겼을 때를 가정해서 단계별로 만들어 보았다.

"으음, 그런 문제가 생겼구나!"
"왜 이런 문제가 생기게 되었지?"
"어떻게 해결하면 될까? 너의 생각은?"
"그래. 한번 해 보면 좋겠다."
"음. 잘 안 되면 다른 방법을 생각해 보자."
"오! 그렇게 하니 잘 풀렸네, 멋지군."

그리고 부모가 먼저 의견을 많이 이야기하면 발생하는 문제점들

방루치 포럼

에 대해서도 참석자들이 생각을 모아 보니 정말 다양했다.

부모가 먼저 의견을 많이 말하면 생길 수 있는 문제들

- 부모의 의중을 모두 밝혀서 아이의 생각과 의견을 제한하게 된다.
- 아이가 동의하지 않으면 부모가 강요하는 태도로 변할 수 있다.
- 자녀가 부모에게 의존하게 만들고, 자녀의 참여 기회와 자율성이 떨어진다.
- 이야기의 내용이 분산되어 요점을 아이가 파악하기 어려워질 수 있다.
- 듣는 아이의 집중력이 떨어져서 나중에 귀담아듣지 않게 된다.
- 내용이 많아 모순되는 내용이 포함되면 견해의 일관성을 유지하기 어렵다.
- 부모가 자기 논리에 빠져들면 점점 자녀들과 대화의 벽이 생길 수 있다.

문제점들을 살펴보니 자칫 부모 생각의 틀 속에 갇혀 아이가 더 창의적이고 넓은 사고를 하는 데 장애가 될 수 있겠다는 생각이 들었다. 부모는 좋은 질문을 하고 아이가 사고하며 길을 찾아나가는 대화법이 아이의 자생력을 위해 더 바람직하다는 결론으로 의견이 모였다.

자제력 경험하기

언제 물들었는지 아파트 단지 곳곳에 단풍 빛이 곱다. 놀이터 공원의 울긋불긋한 잎새들이 바람에 살랑이고 있다. 지난번 모임에서 다음 주제가 '자제력과 자생력'으로 정해졌을 때, 도도 엄마는 심리학을 전공한 회사연수원 교수를 모시면 어떻겠냐고 제안했다.

검은색 블라우스에 진주목걸이가 화려하게 어울리는 교수는 외모부터 참석자들의 눈길을 끌었다.

"안녕하세요? 제가 참석해도 될 자리인지 좀 망설였습니다만…. 사실 회사 동료인 도도 어머니는 연수원 교육을 받으실 때 마시멜로 이야기를 듣고 관심을 가지셨어요. 저도 포럼에 흥미가 생겨 오게 되었습니다. 뵙게 되어 반갑고 고맙습니다. 간략하게 말씀드리도록 할게요."

"자제력(self-control)은 '자신의 감정이나 욕망을 스스로 억제하는 힘'이라고 하죠. 자제력을 갖춘 사람과 부족한 사람을 비교한다면 어떤 사람이 성공할 확률이 더 높을까요?

심리학에서 유명한 실험이 있었죠. 1966년 미국 스탠퍼드대학교의 미셸 박사팀은 자제력과 성공의 관계를 알기 위해 653명의 네다섯 살 유치원 아이들을 대상으로 '마시멜로 테스트'를 했죠. 아이들이 좋아하는 마시멜로를 하나씩 주고 '15분간 안 먹고 참고 기다리면 하나를 더 준다.'라고 약속합니다. 과연 아이들은 어떤 행동을 보였을까요?

아이들이 참은 평균 시간은 약 2분이었고, 15분간 참아 마시멜로를 하나 더 먹은 아이들은 약 25%였습니다. 참아 낸 아이들은 나름대로 혼잣말하기, 마시멜로 외면하기, 노래하기, 놀이하기 등 마시멜로를 먹지 않으려고 다른 행동에 집중했습니다. 연구팀은 아이들이 참았던 시간을 기록했다가 15년 후에 성취도를 조사했습니다.

조사 결과 15분간 참고 기다렸던 아이들은 30초밖에 참지 못했던 아이들보다 대학입학자격시험(SAT) 점수가 평균 210점이나 높았고, 스스로 세운 장기 목표를 더 잘 실천했으며, 높은 자존감으로 짜증을 덜 내고 감정 절제를 하면서 스트레스에

도 잘 대처했습니다. 현저히 낮은 체질량지수를 보이며 신체 관리도 더 잘했죠. 반면 인내하지 못한 아이들은 비만, 약물 중독, 사회 부적응의 비율이 높았죠. 그래서 자제력이 사회적 성공에 도움이 된다는 추정 결론을 내렸는데, 자제력은 감정이나 욕망의 자기조절 능력이므로 당연히 사회생활에도 도움이 된다고 보는 것이죠."

교수가 잠시 물 한 잔 마시는 틈새에 한 참석자가 질문했다.

"아, 그렇군요. 그런데 연구 결과에 대한 반론 같은 것은 없었나요?"

"네. 좋은 질문입니다. 대부분 긍정적으로 평가했지만, 이견도 있었습니다. 가령 뉴욕대학교의 연구에 따르면 아이들이 잘되고 못 되고는 인내심보다 가정환경에 더 큰 영향을 받는다고 하죠. 가령 가난한 가정의 배고픈 어린이들은 마시멜로를 참기 힘들겠지만 부유한 집 아이들은 배가 고프지 않고 나중에 쉽게 먹을 수 있기 때문에 별로 상관하지 않는다는 것이죠.

성공에는 자제력이 중요하겠지만, 자제력이 좋으면 성공한다는 단순한 해석은 무리라는 것입니다. 자제력이 부족하면 감정이나 충동을 잘 다스리지 못합니다. 작은 욕심을 절제하지 못하여 미래의 큰 이익을 놓치기도 합니다. 그러나 자제력이 지나쳐서 감정을 과도하게 억누르게 되면 오히려 스트레스가 되어 성공의 걸림돌이 될 수도 있을 것입니다. 그래서 자신의 감정과 욕망을 적절한 수준에서 다스리는 자제력이 중요하다고 봅니다."

교수는 신뢰의 문제에 관한 설명을 조금 더 덧붙였다.

"연구팀은 선생님의 약속에 대한 신뢰와 학생의 자제력을 조사했는데, 선생님을 신뢰하는 아이들의 자제력이 선생님을 신뢰하지 못하는 아이들보다 훨씬 높았습니다. 그래서 아이들이 부모를 신뢰할수록 자제력도 좋아진다는 점을 고려하여 자녀와의 신뢰를 높이는데 관심을 가져야겠습니다."

참석자들은 요즘 아이들이 원하는 것은 웬만하면 부모들이 다 들어주기 때문에 자제력이 부족할 수 있는 부분을 인정했다. 그러나 성인이 되면 원하는 것을 직장이나 사회에서 다 들어주지 않으므로 자제력을 길러 주어야 한다는 데도 공감했다. 그리고 가정에 아이들의 자제력을 기르는 방법에 대해 참석자들의 의견을 모았는데, 다음과 같은 내용이 공감을 많이 얻었다.

아이들의 자제력을 기르는 방법

- **일관된 규칙과 자율 습관** : 숙제 시간이나 놀이 시간 등의 규칙을 아이와 함께 정하여 지키도록 한다. 다만 기계적으로 너무 엄격하게 하기보다는 유연하게 하면서 자제를 잘했을 때 칭찬과 작은 보상을 준다.
- **목표를 성취한 모습 상상하기** : 독서목표 달성 후 지적 성장의 기쁨, 공부해서 성적이 올라 상을 받는 모습, 외국어를 학습하여 외국인과 유창하게 대화하는 기분, 다이어트 후의 멋있게 변화한 모습 등을 상상하며 그런 성취를 방해하는 요일들을 자제하는 성공경험은 자긍심을 갖게 한다.
- **자제력 발휘가 잘 되고 어려운 이유 알기** : 아이와 대화 및 관찰을 통해 아이가 자제를 잘하는 경우와 잘 못하는 경우를 확인하여 좋은 방안을 찾는다.
- **기다림과 참을성 연습** : 아이가 원하는 간식이나 장난감 등을 바로 주지 않고, 숙제를 한 문제 풀게 한 후 준다. 보드게임이나 바둑처럼 차

례를 기다려야 하는 놀이를 한다.

- **유혹적인 환경 정리 :** 공부할 때 TV를 틀지 않거나, 다이어트를 할 때 음식을 눈에 띄지 않게 하거나, 수면 방해의 유혹을 줄이는 환경을 만든다. 특히 수면 부족으로 인한 정신력 저하는 자제력도 저하시킨다.
- **감정 표현 돕기 :** 아이가 화가 나는 등의 나쁜 감정 상황에서 감정의 무조건 억제보다 조절하면서 적절하게 표현하는 방법을 알려 주고, 자제하지 못하고 나쁜 방식으로 표출했을 때 생길 수 있는 문제들을 알게 한다.
- **자제력 높이기와 스트레스 해소 훈련 :** 자연 걷기, 호흡, 명상 등 자기 통제와 집중력을 기르는 마음수련을 한다. 또한 걷기 등 운동이나 음악 듣기, 기도와 호흡 등 스트레스를 풀 해소 방법을 갖는다.
- **역할 모델 :** 부모가 자제력을 발휘하는 모습을 보여 준다. 음주와 스마트폰 사용 등 자제력을 보여 주면 아이들도 자연스럽게 따라 하게 된다.
- **친구와의 교류 :** 친구들과의 원만하고 즐거운 교류는 사회성을 기르며 자제력을 키우는 데도 도움이 된다.

　우리 어른들은 얼마나 자제력을 발휘할까? 과음과 과식 후의 후회, 조절하지 못하는 분노, 절제하지 못하는 욕망들, 감정을 참지 못하는 다툼…. 사실 인생의 많은 문제는 자제력 부족 때문에 일어나는 경우가 참 많다. 과연 우리는 아이들의 자제력을 얼마나 잘 길러 줄 수 있을까? 아이들만의 문제가 아니라 어른들의 과제이기도 하다. 참석자들은 숙제 하나씩 안은 기분으로 욕구와 자제의 적절한 균형에 대해 생각하며 집으로 발길을 옮겼다.

34

자기 약속의 효과

솔솔 아빠는 오늘 포럼에 빠질 생각을 했었으나 나갈 수밖에 없게 되었다. 사실 포럼에는 큰 기대나 관심도 없었지만, 아내의 강력한 권유에 몇 번 참석하다보니 지난 모임에서 고객과 약속이 소중한 세일즈맨의 입장에서 '자기약속의 효과'에 대해 간단한 멘트를 권유받아 엉겁결에 수락했던 것이다.

"교육의 효과에 의문을 가지는 제가 발표자가 될 줄은 몰랐습니다. 어쨌든 자료도 한두 가지 찾아보았고… 간단히 말씀드릴게요. 사람들은 지시받은 일보다 스스로 약속한 일에 더욱 책임감을 가진다고 하는데, 이것을 자기 약속의 효과라고 하죠. 사실 경험으로도 알 수 있습니다만, 좋은 사례가 있더군요.

가령 암웨이(Amway)는 구매계약을 할 때 고객이 자필로 계약서를 쓰도록 유도한다고 합니다. 자신이 직접 작성한 계약은 더욱 잘 지키기 때문이랍니다. 음식점의 사례가 있더군요. 미국의 한 레스토랑에서 예약을 받을 때, 직원이 '변동사항이 발생하면 연락 바랍니다.'라고 했을 때 예약위반율이 30% 정도였는데, '변동사항이 발생하면 연락해 주시겠습니까?'라고 묻고 고객이 'Yes'라고 대답한 경우에는 예약 위반율은 10% 정도였다고 합니다."

"흥미롭군요. 지금 하시는 일과는 어떤가요?"

"네. 제가 자동차 세일즈를 하기 때문에 고객과의 약속이 많은 편이죠. 고객 편의를 위해 제가 거의 설명만 하는 방식의 대화를 하는데, 이번 자료를 보며 고객이 자기 약속을 하는 대화 방법을 좀 고민해 봐야겠다고 생각했습니다."

"재밌는 사례를 소개해 주셔서 고맙습니다. 발상의 전환도 필요하겠어요. 혹시 다른 분 의견 있으시면 말씀해 주세요."

솔미 엄마의 요청에 한 엄마가 손을 들었다.

"저는 아이가 유치원에 다니는데, 얼마 전 유치원 선생님이 말씀하신 내용이 오늘 주제와 비슷해서 말씀을 드리려고요. 부모나 선생님이 '이건 하지 마!'라고 했을 때와 아이가 '이건 안 할게요.'라고 했을 때의 효과에 관한 것이었어요. 여러분은 어떤 차이가 있을 것이라고 생각하시나요?"

몇몇 참석자가 후자가 더 효과적일 것이라고 대답했다.

"그렇습니다. 유치원에서 특정한 장난감이나 위험한 놀이를 금지하는 경우를 조사한 연구가 있었답니다. '금지를 지시하고 위반하면 혼낼 것'이라고 했을 때 6주 후까지 77%의 어린이가 위반했는데, 아이가 금지하겠다는 약속을 말하도록 했을 때는 33%의 어린이가 위반했답니다. 타의에 의해서라도 자기가 약속을 한 경우에도 효과가 있다는 것이죠. 그래서 가정에서 아이의 자발성을 위해서 자기 약속의 효과를 적절히 활용하도록 권유하셨어요."

약속은 주로 두 가지 관계에서 발생한다. 하나는 남과의 약속이고 다른 하나는 자신과의 약속이다. 자신과의 약속을 지키는 것은 자기 관리의 기본이다. 지키지 못할 약속은 하지 않는 것이 좋고, 약속을 했으면 지키는 것이 올바른 일이다. 또한 아이에게 일방적인 지시나 설명보다 자기 약속을 하도록 하는 것이 실천력이 높다는 것에 공감했다. 다만, 아이의 견해를 무시하고 강압적으로 동의나 약속을 강요하는 방법이 아니라면….

35

가정에서 자기주도 학습의 실천을!

가을이 성숙해진 만큼 가을도 무르익었다.

"오늘은 아이들의 자기주도 학습에 관해 토의하기로 했죠. 관심이 많은 주제라서인지 포럼 이후 가장 많은 분들이 모이신 것 같네요."

진행을 맡은 솔미 엄마가 주민 모임방을 가득 메운 참석자들을 둘러보며 인사말을 했다.

요즘은 학생들이 학기 중에 가족여행을 가면 결석으로 처리하지 않고 체험학습으로 인정한다. 학습의 장이 교실에서 세상으로 확장된 느낌이다. 얼마 전 가족여행을 다녀온 솔솔이 엄마가 제안하여 주제를 '자기주도 학습'으로 정했다. 그래서 솔솔 엄마의 오프닝 멘트로 포럼을 시작했다.

"우리의 바람은 아이가 자기주도 학습을 통해 공부를 잘하는 것도

중요하지만 인생에서 자기주도적인 태도를 기르는 것이랍니다. 요즘 초등학교에서부터 자기주도 학습을 장려하고 있죠. 그래서 지난번 '자기관리'에 대해 도도 엄마의 친구인 초등학교 김 선생님을 다시 모셔서 자기주도 학습의 의미를 먼저 듣고, 여러분의 의견을 들으며 가정에서의 적용에 대해 토의하려고 합니다. 선생님, 이렇게 또 와 주셔서 고맙습니다."

"다시 뵙게 되어 반갑습니다. 방루치 포럼은 정말 좋은 모임이라 저희 아파트에서도 만들려고 의견을 모으는 중이랍니다. 일단 오늘 주제에 대해 간략하게 말씀드릴게요. 자기주도 학습이란 교사가 아닌 학습자가 주체가 되어 학습 과정, 즉 '학습의 계획 → 실천 → 평가 → 다음 학습에 반영의 과정'을 이끌어 나가는 학습활동을 의미합니다. 언제, 어떤 공부를, 왜 어떤 방법으로 할 것인지를 학생이 결정하게 합니다. 물론 교사는 아이에게 맡겨만 놓는 것이 아니라 돕고 보완해 주는 역할을 합니다.

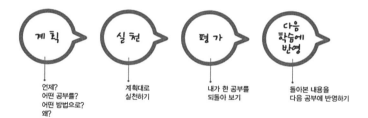

계획 — 언제? 어떤 공부를? 어떤 방법으로? 왜?

실천 — 계획대로 실천하기

평가 — 내가 한 공부를 되돌아 보기

다음 학습에 반영 — 돌아본 내용을 다음 공부에 반영하기

　그러니까 가정에서는 부모님이 교사 역할을 하시면 되겠죠. 자기 주도 학습을 잘하려면, '어떻게 공부하는가?'보다는 '왜 공부하는가?'에 대한 동기가 중요합니다. 교육부 자료의 자기주도 학습 일곱 가지 원리는 다음과 같아요.

자기주도 학습의 일곱 가지 원리

첫째, 학생에게 공부를 잘하고 싶다는 마음이 있어야 한다. 가령 장래의 꿈과 목표는 동기가 될 수 있다.

둘째, 계획을 세워야 공부하고 싶어진다. 수치적 목표와 계획 짜기가 필요한데, 계획은 크게 연간, 학기, 월간, 주간, 일일 등으로 나눌 수 있다.

셋째, 뚜렷한 목표를 가져야 한다. 어떤 과목에서 어느 수준까지 공부하고 싶은지 자기의 목표가 있으면 도움이 된다.

넷째, 과목에 따라 5단계 원칙을 적절하게 활용한다. 어떤 과목이든 공통적인 원칙은 '문제 이해하기-사고하기-정리하기-암기하기-문제 해결하기'이다.

다섯째, '예습-수업-복습'을 충실하게 한다.

방루치 포럼

여섯째, 학습의 입력·출력이 원활해야 한다. 입력은 공부를 하고 익히는 것이며, 출력은 시험처럼 입력한 내용을 잘 풀어내는 것이다.

일곱째, 위의 학습법을 과목별로 적용해 보며 개선해 가는 것이다.

"대체로 이런 내용이 기본적인 의미라고 할 수 있겠습니다."

"잘 들었습니다. 제 친구 중에 고등학교 교사가 있는데, 그 친구의 이야기도 선생님의 설명과 통하는 것 같군요. 1, 2등급의 공부 잘하는 학생들의 공통점은 자기주도적인 학습 태도가 좋다는 거죠. 아마 공부만이 아니라 생활도 자기주도적으로 잘 할 것 같아요."

김 선생님은 자기주도 학습능력을 키우는 기본적인 방법으로 말을 이어갔다.

"아시는 바와 같이 아이가 어릴 때부터 식사와 놀이 등 스스로 할 수 있도록 습관을 만들어 주는 것이 중요하죠. 그리고 자기주도 학습을 통해 기쁨이나 성취감을 맛보아야 합니다. 칭찬이나 보상은 이를 돕는 방법이죠. 그리고 초등학생부터는 스스로 또는 부모님과 상의하여 계획을 세우고 실천하는 경험을 많이 갖게 하는 것이 좋습니다. 부모가 학습계획을 늘 짜 주면 아이는 당연히 수동적이 되겠죠. 아이가 기쁨이나 성취감을 맛보아야 자기주도 학습을 지속해 나갈 수 있다는 것을 특별히 말씀드리면서 오늘 이야기를 마칠까 합니다. 경청해 주셔서 감사합니다."

솔미 엄마는 다른 약속으로 가 보아야 한다는 선생님에게 감사 인사와 함께 간단한 기념품을 선물했다.

"Q 선생님, 오늘 모처럼 참석해 주셨는데, 혹시 해 주실 말씀 없으세요?"

"아이구, 저도 공부하러 참석하는데, 특별히 없습니다. 웨이트 트레이닝을 할 때 처음에는 힘도 들고 근육이 아프기도 하지만 일주일이나 한 달쯤 적응하면 아프지도 힘들지도 않고 한 단계씩 좋아지듯 역시 자기주도 학습도 그럴 것이라고 봅니다."

마침, 고등학교 교사라고 자신을 소개한 남자 한 분이 손을 들었다. 중학생 아들과 딸을 두었다고 한다.

"몇 번 참석하여 좋은 말씀을 듣기만 했는데, 오늘은 제 경험을 좀 말씀드려도 될까요?"

모두 박수로 기대감을 나타내었고, 서로 아는 듯 몇몇 참석자는 웃으며 엄지를 치켜들었다.

"제가 교육학 지식을 우리 집 아이들에게 적용해 보았는데, 아이들 입장에서는 학습이죠. 먼저 여러 가지 학습 방법들을 설명 드리겠습니다.

첫째, 단순한 듣기(Hearing)입니다. 주의를 기울이지 않은 채 단지 귀로 듣는 것이죠. 가령 가족여행 중에 '법원/검찰청' 간판이 보여 무엇을 하는 곳인지 설명했는데 아이들이 알려고 하는 의지는 없이 주의를 기울이지 않고 귀로만 듣는 경우죠. 아이들 입장에서는 수동적이고 학습 효과는 매우 약합니다.

둘째, 주의를 기울여 듣는 경청(Listening)입니다. 배우려는 의지나 관심을 가지고 듣는 것이죠. 가령 '법원/검찰청' 설명을 듣다가 아이

방루치 포럼

가 '경찰'과의 관계를 물으며 관심을 갖는 경우죠. 아이들은 질문으로도 참여했고 학습 효과는 단순한 듣기보다 당연히 훨씬 좋다고 볼 수 있습니다.

셋째, 단순한 보기(Seeing)입니다. 가령 공원을 산책하면서 나무나 꽃 이름을 알려 주면 아이는 보면서 알게 되는 것이죠. '백문이불여일견(百聞而不如一見)'이라는 말처럼 말로 설명하는 것보다 학습 효과가 좋을 때가 많죠. 수선화를 말로 설명하기보다는 한 번 보여 주는 것이 훨씬 이해가 쉽고, 원이나 정사각형을 도형으로 보면 금방 알 수 있듯이 말이죠.

넷째, 관심을 기울여 보는 관찰(Observing)입니다. 가령 아이에게 수선화를 보여 주었는데, 꽃말이나 개화 시기 등 더 세부적인 관심을 보이며 들여다보는 경우처럼 배움에 더 적극적이고 참여적이죠. 학습 효과는 당연히 단순한 보기보다 훨씬 좋겠죠.

다섯째, 직접 해 보는 실습(Doing/Practicing)입니다. 가령 도자기를 직접 만들어 보는 것입니다. 실제 아이들이 도요지에서 자기 도자기를 만들어 본 적이 있었어요. 경청 및 관찰과 함께한 실습에 아이들이 굉장히 몰입했고, 그래서 도자기에 대한 학습 효과가 매우 좋았습니다.

여섯째, 토론(Discussing)입니다. 어떤 주제에 대해 자기주장을 펼치고 의견을 나누며 학습하는 것이죠. 아이들이 초등학교 고학년 무렵부터 지구온난화나 애완동물의 행복 등 여러 주제에 관해 토론을 해 보았어요. 지식과 토론 능력은 물론 주제에 대한 관심도 증가했어요. 학습 효과는 당연히 매우 좋죠.

일곱째, 남을 가르쳐 보는 방식(Teaching)입니다. 가령 가족여행 중 박물관 같은 곳을 들르면 아이가 설명하며 안내를 하죠. 천문대에 들렀을 때도 아이가 먼저 가족들에게 설명한 후에 다시 안내 직원의 설명을 한 번 더 들었죠. 물론 여행 출발 전에 아이와 계획도 짜고 아이는 스스로 사전 학습을 했지요. 학습 효과는 정말 좋습니다."

설명을 잠시 멈춘 그는 표 하나를 화면에 제시하며 물었다.

학습 방법의 종류

학습 방법	개념	아이의 입장
듣기 Hearing	단순히 귀로 들으며 배움	수동적
경청 Listening	주의를 기울여 들으며 배움	참여적
보기 Seeing	대상을 단순히 눈으로 보면서 배움	수동적
관찰 Observing	대상을 주의 깊게 살피면서 배움	참여적
실습 Practicing	직접 체험을 해 보면서 배움	주도/참여적
토론 Discussing	주제에 대해 의견을 나누며 배움	주도/참여적
교육 Teaching	지도하고 가르치면서 배움	주도적

"제가 설명 드린 내용을 요약한 표입니다. 여러분은 자생력을 기르기에 어떤 학습 방법이 더 좋다고 생각하시나요?"

"으음… 교육, 토론, 실습 방식을 많이 활용하면 좋을 것 같군요. 아이가 참여하고 주도하는 경험을 하게 될 테니까요."

앞에 앉은 한 엄마의 대답에 그는 차분히 말을 이었다.

"네. 저도 그렇게 생각합니다. 여러 방법들의 학습 효과를 살펴보

방루치 포럼

며 아이들의 의견도 들어 보았는데… 역시 교육이나 토론 및 실습이 효과적이고, 관찰과 경청도 지식을 넓히기 위한 좋은 학습이라고 봅니다."

"직접 경험하신 내용을 소개해 주셔서 고맙습니다. 그런데 아이의 입장에서는 흥미가 없는 분야에 대해서는 열정이 떨어지지 않을까요?"

솔솔이 아빠의 질문이었다.

"네. 그렇습니다. 앞서 김 선생님의 말씀처럼 흥미가 없고 기쁨이나 성취감을 느끼지 못하면 부담스러워하거나 싫어합니다. 그래서 억지로 시키지는 않고 케이스에 따라 아이의 의견을 고려하여 호응하고 격려해 주니까 잘 참여하고 주도적 학습 태도도 상당히 성장한다고 느끼고 있습니다."

포럼을 마치며 오늘은 뭔가 아이들에게 줄 선물이 있는 것 같아 다른 날보다 더 뿌듯한 느낌이다. 자기주도 학습의 의미를 되새기고 교육 방법을 가정에서도 실천할 수 있을 것 같았다.

36

강한 멘탈로 키우는 부모의 행동

가을의 끝에 다다르니 바람도 옷깃을 여미게 한다. 처음 포럼을 시작할 때 정해 놓은 시한은 없었지만, 연말이 가까워져 오면서 마무리하는 분위기가 되었다. 여러 계절을 거치며 자생력을 토의하다 보니 '멘탈이 강한 아이로 키우자!'라는 바람도 공유되어 주제가 되었다.

"저는 정말 멘탈이 얇은 유리 같아요. 상처도 잘 받고 자책감이 많고 그래요."

오늘 '멘탈이 강한 아이'라는 주제에 자기 사례를 말하고 싶다고 신청한 한 아빠의 첫 마디였다. 그러면서 부모에 대한 서운한 감정도 드러내었다.

"제가 아이들을 키워 보니 저의 부모님이 좀 원망스럽기도 해요. 왜 그러셨는지…."

사실 강한 정신력 또는 마음의 힘은 자생력의 매우 중요한 요소이다. 그는 어릴 적 부모의 언행이 많은 영향을 준다면서 심리치료사 에이미 모린(Amy Morin)의 연구 등 멘탈이 강한 사람들의 특징을 정리한 자료를 나누어 주었다.

멘탈이 강한 사람들의 특징

1. 자신을 사랑하며 시간과 감정의 자기관리를 잘 한다. 자신이 편안해야 다른 사람과의 관계도 좋아진다는 것을 안다. 권리와 의무의 균형감을 갖되 타인에 대한 과도한 의무와 책임감 때문에 자신이 힘겨워지는 상황을 예방한다. 분노, 슬픔, 절망감 등의 부정적인 감정보다 이해, 기쁨, 희망 등의 긍정적 감정을 더 많이 갖도록 노력한다.

2. 자신이 컨트롤할 수 없는 일에 정신력을 낭비하지 않는다. 가령 날씨나 교통체증, 국제 정세 등에 대해 주어진 여건으로 받아들이며, 자신이 컨트롤할 수 있는 일에 집중한다.

3. 경쟁을 하면서도 협력적인 태도를 가진다. 다른 사람을 도우면서도 도움을 받을 줄도 안다. 또한 경계를 설정하여 거절할 줄도 알며 남의 요구에 말려 호구 짓은 하지 않는다. 남의 감정을 배려하되 자신의 감정까지 훼손하며 기분을 맞춰 주지는 않는다.

4. 삶이 늘 공정하지 않다는 것을 이해한다. 곤경에 처하거나 남들의 언행에 상처를 받는 경우에도 원망하는 감정을 줄이고, 내 감정을 온전히 지키고 대응하면서 기분을 전환하는 나름의 방식을 가지고 있다.

5. 과거에 묶이지 않고 현재를 중시한다. 과거 좋았던 때의 환상이나 불행했던 때의 원망으로 에너지를 낭비하지 않는다. 자신의 과거를 받아들이고 교훈을 얻어 현재의 삶에 집중한다.

6. 다른 사람의 성공을 노력의 결과라고 인정할 줄 안다. 부러워하기도 하지만 질투심으로 분별심을 잃어 잘못된 언행을 하지 않는다. 대신 자신이 성공할 기회와 역량을 찾아 개발한다.

7. 어떤 일에 실패했을 때 역경이 자신을 더 강하게 만든다는 믿음으로 성장의 기회로 삼는다. 문제점과 교훈을 찾아 냉정하게 판단하고 다시 시도할 때는 실패를 반복하지 않도록 더 나은 결정을 한다.

8. 시간을 귀하게 여기며 생산적으로 이용한다. 특히 홀로 있을 때 시간을 무의미하게 낭비하지 않고 자기계발을 하거나 여가를 즐길 줄 안다.

9. 변화의 필요성을 받아들이며 계산된 모험을 한다. 변화와 모험을 두려워하거나 무모하게 시도하기보다 유연한 방법을 찾는다. 결과를 예측하여 행동하되 성과를 너무 성급하게 기대하지 않는 여유를 가진다.

10. 목표를 향해 인내심으로 정진하되, 예상치 못한 일로 불가능한 경우도 있음을 인정하여 목표 자체 또는 일부를 포기하거나 중단하는 결단을 내린다.

11. 타인의 칭찬이나 격려에 의해 삶의 에너지를 얻기도 하지만, 본질적으로 자기 성취와 자아 실현 등의 내면 에너지가 강하다. 상황을 자신에게 긍정적으로 해석하며 감사한 마음을 많이 갖는다.

12. 자기감정이나 인간관계의 분위기를 좋게 전환할 줄 안다. 슬픔 및 낙심하는 일이 생기면 감정을 지속하지 않고 긍정적으로 전환할 줄 안다. 인간관계에서도 불편한 상황에 놓였을 때도 감성적인 터치로 기분 좋은 상태로 전환한다.

"정말 필요한 내용을 정리해 주셔서 도움이 될 것 같군요. 그런데 부모님이 어떻게 하셨기에 서운해하시는 건가요?"

내용을 흥미롭게 듣던 도도 아빠가 묻자, 그는 잠시 고개를 숙이고 깊은 호흡을 하더니 말문을 다시 열었다.

"사실 이런 이야기가 창피하지만…. 특히 아버님은 현실에 불평도 많고 비관도 많이 하셨어요. 여행 중에도 교통이 막히면 어쩔 수도 없는데도 계속 불평하고 다른 운전자를 욕하고…. 조금만 힘든 일이 생기면 남 탓을 하면서 짜증을 내시고, 감정이 상하시거나 화가 나시면 며칠씩 집안 분위기를 우울하게 만들어 놓고는 가족들에게 왜 집안 분위기가 이러냐고 오히려 비난하시고, 어머니에 대해서도 나쁘게 말씀하시면서 언성을 높여 싸우시고, 늘 즉흥적인 결정을 내리고 잘 안 되면 세상을 욕하셨죠. 그러다 보니 저는 늘 가슴 졸이며 눈치를 보는 소심한 아이로 자라고… 마음의 상처는 모두 아버지 탓으로 돌리게 되었죠. 그런데 어느 날 보니 제가 싫어하던 아버지의 모습을 닮아 가더라고요. 지금은 극복하려고 노력하고 있습니다."

참석자들은 누구의 제안도 없었지만 모두 격려의 박수를 보냈다.

"힘든 이야기를 해 주셨군요. 그런데… 극복하기 위해서 하신 노력은 어떤 것이었나요?"

그는 조금 더 이야기했고 참석자들은 조용히 경청했다.

"사실 아이들에게 더 신경을 쓰고 있답니다. 아이들 앞에서 바꿀 수 없는 문제에 대해 불평하지 않고, 운전 중에 끼어들기 하는 사람이 있으면 비난하지 않고 '어떤 바쁜 사정이 있을 수도 있다.'는 식으로 말하고, 아이들에 관련한 문제에는 의견과 감정을 물어 존중해 주고, 가족들이 악기와 노래를 배워 함께 연주하면서 평소 기분을 좋게 가지려고 노력하고 있죠. 그리고… 멘탈이 강한 사람들의 특징을 참고하여 일상에서 강화하는 방법들을 찾아서 정리해 보았는데 참고로 한번 보시겠습니까?"

그는 준비해 온 요약 자료를 나누어 주고 자기가 하는 방식을 설명했다.

멘탈을 강화하는 방법

1. 멘탈이 강한 사람들의 특징을 늘 상기한다. 특히 남들의 언행에 상처를 받거나 휘둘리지 않으려고 '내 마음속에는 거울이 있어서 반사된다.'고 생각하는 등 주의를 기울인다. 인터넷 등에서 멘탈 테스트를 해 보는 것도 참고가 된다.

2. 나는 루저라고 생각했던 과거의 생각에 묶이지 않도록 다짐한다. 과거의 부정적 사고방식이 현재와 미래의 발목을 잡지 못하도록 '나의 행복은 내가!'를 가슴에 담고, 명상이나 강의 수강 등 마음수련을 한다.

3. 내가 통제할 수 없거나 통제하고 싶지 않은 것은 세상에 맡긴다. 연로하신 부모님의 관계는 변화가 없지만 개입하지 않고 있다. 통제 가능 여부에 따른 목록을 만들어 때때로 살펴보고 조정해 나간다. 몇 가지 예는 표와 같다.

내가 통제할 수 있는 것	내가 통제할 수 없는 것	조정할 수 있는 것
• 자기계발 활동	• 부모님의 생활	• 모임 약속
• 친구와 지인의 선택	• 타인들의 생활	• 소비 항목
• 시간 판단과 선택	• 일기, 교통, 사회상황 등	• 버킷 리스트

4. 역경이 생기면 인생의 걸림돌이 아니라 디딤돌로, 긍정적으로 바라본다. 훌륭한 뱃사공은 험난한 바다에서 탄생한다는 것을 생각한다. 그러나 불가능한 일이라고 확신이 서면 목표를 과감히 낮추거나 포기한다.

5. 감정은 양날의 칼이다. 특히 나쁜 감정은 나를 해칠 수 있는 예리한 칼날임을 명심하고 긍정적으로 전환할 수 있는 색소폰 연주와 노래 부르기 등 나름의 방법을 활용한다.

6. 내 자신에 대해 신뢰를 키우고 의심을 억제한다. 나에게서 장점을 많이 찾아 격려하면 자존감도 올라간다. 스스로를 비하하는 것이 정말 나쁜 일임을 명심한다.

7. 실패 없는 인생을 고집하지 않는다. 실패도 인생의 일부라고 받아들인다. 그러나 중요한 일에는 성공을 위해 집중한다.

방루치 포럼

8. 성공 경험을 더 많이 하도록 한다. 목표를 너무 크게 세워 성공을 어렵게 하지 않고 세분하여 작은 목표를 이루는 성공 성취감을 자주 맛본다. 저축도 1억 목표를 세웠다가 지금은 100만 원, 500만 원, 1,000만 원으로 늘려 간다. 운동이나 등산도 그렇게 한다.

9. 긍정적인 자기와의 대화를 일상화한다. 아침에는 거울을 보며 '멋진 친구여. 멋진 하루를!'로 하루를 시작하고, '나는 열정의 바람', '나는 나를 지키는 어벤져스' 등의 상징을 만들어 필요한 상황마다 스스로에게 말한다.

10. 멋진 성공이나 퍼포먼스를 상상하며 시각적으로 느끼도록 노력한다. 직장에서 PT가 있을 때는 잠들기 전과 아침에 잘 해내어 기뻐하는 상상을 한다. 단, 충분한 준비와 연습을 하되, 완벽에 집착하여 스트레스를 스스로 만들지 않고 잘 안 되었을 때 당황하지 않는 여유의 태도와 멘트를 미리 구상해 둔다.

11. 불쾌한 사람이나 상황을 차단하거나 회피한다. 상대방의 불쾌한 말에 상처받는 것보다 적절한 대응을 못한 내 자신에게 더 화가 날 때가 많으므로 상처받지 않도록 대응법을 준비해 둔다. 가령 불쾌한 언행에는 화제를 돌려 무시하거나 웃으면서 상대에게 '나는 거울이다. 반사!'라고 말하기도 한다. 일상에서 여유 있는 태도와 유머를 학습한다.

12. 일상에서 감사하고 다행인 일들을 찾아내어 스스로 위안하고 긍정의 마음을 갖는다. 더 나빠지지 않고 '다행인 일들'이 참으로 많다는 것을 알게 되면 감사한 마음이 생긴다.

13. 나의 '자아'와 '반응행동 및 소통방식'을 분리해서 생각한다. 화가 났거나 상처받은 일들에서 문제는 나의 '반응행동 및 소통방식'이지 '자아'가 아니기 때문이다. 후회하거나 자책하지 말고 방법론을 개발하여 자아를 지키고 키워 간다.

그는 마지막 13번, 자아와 방법론을 구분해야 자아가 손상되지 않는다는 것을 다시 한번 강조했다.

"잘 들었습니다. 그런데 선생님은 그렇게 본인의 멘탈을 강하게 키우시는데, 자녀들의 멘탈은 어떻게 강하게 키우나요?"

참석자 한 사람의 질문에 발표자는 담담하게 대답한다.

"우선 아내와 협력해서 제가 겪은 일들을 아이들은 겪지 않도록 가정 분위기를 편안하고 즐겁게 만들려고 노력합니다. 아내도 처음 결혼할 때보다 제가 긍정적으로 많이 변했다고 격려해 주고 있고요. 그리고 아이들도 어른과 크게 다르지 않다고 생각해서, 위의 방식들을 아이의 수준에 맞게 이야기를 나누곤 합니다. 특히 세상이 나에게 편하게만 만들어져 있지 않다는 것과 대응하는 방법이 중요하다는 것을 이해시키는 데 관심을 둡니다."

참석자들은 발표 내용을 매우 유용하여 나름의 방식으로 응용하면 좋겠다고 말하면서 중요한 내용을 토의했다고 공감했다. 상처 없이 피는 꽃이 어디에 있으랴! 상처를 통해 성숙해지며 아름다운 꽃을 피워내는 아이들의 인생을 위해 기도했다.

37

워킹 맘, 아이에게
엄마의 삶을 이야기해 주자

마지막 달이 다가서는 시간, 오늘은 예정된 주제는 아니었지만 워킹 맘 이야기가 나왔다. 워킹 맘인 도도 엄마가 모처럼 자신이 이야기를 꺼냈다.

"아이들을 어린이집에 보내고 유치원 보내는 아침마다 아이와 떨어지는 게 쉽지 않아요. 특히 아이들이 매달릴 때는 더욱 미안한 마음이 들죠."

모처럼 Q 선생이 물었다.

"그럴 때는 어떻게 하시나요?"

"퇴근 후에 아이들이 뭘 해 달라고 하면 무리한 것도 들어주게 돼요. '엄마가 미안해.'라는 말도 하게 되고요."

Q 선생은 다시 참석자에게 물었다.

"워킹 맘은 아이들에게 어떤 태도를 갖는 것이 좋을까요?"

Q 선생의 물음에 라라 엄마가 교육 방송에서 보았다면서 답했다.

"교육 전문가의 견해를 보니까 아이에게 미안한 마음이 드는 건 당연한 일이겠지만 표현은 달라야 한다고 하더군요. 가령 '엄마가 미안해.'라는 말과 뭔가 자꾸 보상을 해 주면 아이는 '엄마는 나에게 미안한 일을 하거나 잘못하고 있다.'고 생각할 수도 있고 자기가 원하는 것을 위해 엄마를 이용하게 된다는 것이죠. 더군다나 엄마가 미안한 마음에 뭐든 다 해 주다 보면 아이가 엄마에게 점점 의존적이 되어 자립심을 가지려고 하지 않는다는 거죠."

한 엄마가 공감하면서 말했다.

"저도 직장 맘인데 정말 늘 고민거리였어요. 오늘 해결의 실마리를 찾았으면 좋겠네요."

"네. 그래서 엄마는 이런 마인드를 가지고 자녀를 대해야 한대요. '엄마는 우리 가정과 엄마의 일을 위해 직장에 다니는 사람이지? 그게 엄마의 일이야. 너도 유치원에 다니며 배우고 있지? 그게 너의 일이야. 서로 자기 일을 열심히 해야겠지? 엄마는 너를 정말 사랑하고 너도 엄마를 사랑하니까 자기 일을 잘하면서 사랑하자.'"

물론 어린아이가 얼마나 엄마의 생활과 마음을 이해하겠냐만, 아이도 어릴 때부터 엄마의 일과 생활을 인정해야 크면서도 자기 일은 자기가 해야 하는 것이 옳다는 생각을 갖게 된다는 것이었다.

간단한 소개였지만, 어릴 때부터 부모의 태도가 어떻게 아이의 자생력에 영향을 주는지를 이해할 수 있는 내용이었다. 고민거리였다는 직장 맘 엄마의 표정이 밝아지는 것 같았다.

38

자녀의 성장과 장점 및
적성을 관찰하여 기록하기

오늘 첫 눈발이 날렸다. 어느 먼 별에서 떠났을 눈송이들이 지구별에 도착하며 바람에 살랑이며 하늘하늘 내리는 것이었다. 포럼 마지막 시간의 아쉬움을 위로하는 것 같았다.

"어느덧 봄에 시작한 여정이 세 번의 계절을 지나 올해를 마무리하는 시간이 되었네요. 아이들 문제는 결론이나 끝이 있는 문제가 아니죠. 여러분들이 말씀해 주신 대로 우리의 여정은 의미 있었다고 생각합니다. 그러면 개인적으로 하고 싶으신 말씀을 듣고 마지막으로 도도 아빠에게 생활 개선 방법에 관한 제안 발표를 듣도록 하겠습니다."

진행을 맡아 수고해 온 솔미 엄마의 말에도 왠지 아쉬움이 담겨 있었다. 참석자들이 가지고 온 다과와 차를 나누며 자유로운 분위기에서 이야기가 이어졌다. 대부분의 참석자들이 한마디씩 소감을 말했는데, 가장 많은 공감을 얻은 의견은 뜻밖에도 포럼에 냉소적인 태도였던 솔솔 아빠였다.

"사람은 자기 운명대로 살아간다고 생각해서 사실 교육의 효과에 대해서 좀 회의적이었거든요. 그런데 가끔 포럼에 참석해서 들어 보니 '교육은 운명을 바꿀 수 있는 좋은 방법'이라는 생각을 갖게 되었어요. 그래서 내년에 초등학교에 입학할 솔솔이의 성장 기록을 남기려고 합니다. 나중에 솔솔이가 보더라도 값진 자료가 될 수 있도록 말이지요. 장점과 적성을 살피면서 잘한 일들을 기록하려고 합니다. 아내와 솔솔이도 함께 보면서 의견도 나누어 보면 자생력이 좋은 아이로 성장하면서 미래도 밝게 펼쳐지지 않을까요?"

방루치 포럼

39

생활 재설계의 실행 목록 작성하기

도도 아빠는 포럼 마지막 발표를 했다.

"우리가 토의해 온 내용들은 자생력을 위한 생활의 개선에 활용되어야 비로소 의미가 있을 것 같습니다. 그래서 자신의 생활을 점검하고 재설계하여 개선하는 유용한 방법 하나를 소개하고자 합니다. 널리 알려진 경영전략서인 『블루오션 전략(Blue Ocean Strategy)』의 ERRC모형은 현재의 생활에서 제거, 감소, 증가, 창조할 부분을 찾는 아이디어를 주는데, 내용은 다음과 같습니다.

- 제거(Eliminate) : 현재의 생활에서 제거할 요소는 무엇인가?
- 감소(Reduce) : 현재의 생활에서 감소시켜야 할 요소는 무엇인가?
- 증가(Raise) : 현재의 생활에서 증가시켜야 할 요소는 무엇인가?
- 창조(Create) : 현재의 생활에서 새로 시작할 요소는 무엇인가?

가령 아이가 등교 준비에 너무 소홀하면 엄마가 늘 해 주던 학교 준비물 챙겨주기를 중단(제거)하고, 게임 등 노는 시간이 너무 과다하여 숙제나 정돈 등의 자기관리 시간이 부족하다면 노는 시간을 감소시켜야 합니다. 체력 증진이 필요하다면 운동 시간을 증가시키고, 아이가 너무 용기가 부족하고 소심하면 모험 챌린지 코스에 새롭게 도전(창조)해 보도록 하는 것이죠. ERRC 행동 목록은 다음 표 양식을 참고로 실천할 수 있을 만큼 선정하여 구체적으로 작성하는 것이 좋습니다. 그리고 이 표는 자녀의 생활뿐만 아니라 부모의 생활을 개선하는데도 활용할 수 있습니다. 물론 주기적으로 검토하여 재작성하는 것이 바람직하겠지요."

ERRC 실천 행동 목록 양식

구분	행동 목록
제거할 행동 (E)	· ·
감소할 행동 (R)	· ·
증가할 행동 (R)	· ·
창조할 행동 (C)	· ·

도도 아빠의 제안 발표에 큰 박수로 공감을 표한 후에도 아쉬운 마음에 다과 시간이 더 이어졌다. 그리고 포럼이 씨앗이 의미 있게 싹을 틔우기를 소망하는 솔미 엄마의 건배 제안은 "아이들의 자생력은 우리의 행복!"이었다. 집으로 가는 길에는 반짝이는 크리스마스 트리가 보였고 캐럴이 울려 퍼졌다.

40

자녀의 자생력을 기르는 부모 체크리스트

　　12월, 크리스마스 캐럴과 함께 포럼을 마무리하면서 참석자들은 추가적인 일을 한 가지 해 보기로 했다. 학원 강사인 미미 아빠가 중심이 되어 포럼 동안 의견들을 참고하여 아이들의 자생력 기르기에 관한 부모의 태도와 행동 체크리스트를 만들기로 한 것이다.

　　약 한 달간 정리한 체크리스트는 새해가 되어 포럼 참석자들에게 배포했고, 아파트 관리사무소에도 비치하여 관심 있는 주민들이 가져가도록 했다. 체크리스트 자료는 다음과 같았다.

　　(주의할 점 : 기준은 유치원~초등학교 아이의 수준에 맞추었음. 어린아이부터 중ㆍ고교생 정도까지 나이를 고려하여 응용이 필요함.)

　　※ 체크리스트는 점수를 내는 것이 아니라 부모의 성향을 가늠해보는 것임.

1. 부모로서의 마음가짐

번호	문항	나의 성향	
		그런 편	아닌 편
1-1	아이가 성인이 되어도 내 품에서 보살피며 함께 살고 싶다.		
1-2	아이가 대학에 진학할 때, 집을 떠나더라도 독립하여 생활하며 공부할 수 있는 대학이 좋다고 생각한다.		
1-3	아이가 작은 일이라도 실패를 겪으면 마음이 아플까 봐 적극 예방하고 해결을 도와줄 것이다.		
1-4	아이가 모험이나 위험한 일을 하려 하면 허용하지 않을 것이다.		
1-5	아이가 어떤 일에 어려움에 처하거나 실패하는 경우, 스스로 문제점과 해결책을 찾아보도록 기다려 줄 것이다.		
1-6	아이에게 해결책을 주기보다 스스로 해결책을 생각할 수 있는 좋은 질문을 하려고 한다.		

※ 판단: 1-2, 1-5, 1-6은 바람직한 행동으로 볼 수 있다. 특히 1-2는 자녀가 집을 떠나는 것을 걱정하여 꺼리는 경우도 있다. 그 외의 문항들은 부모로서 아이가 모험도 해 보고 어려움도 겪어 보며 스스로 해결하는 시도를 통해 성장하고 독립해 나가는 기회를 주는 것이 바람직하다.

2. 부모로서의 역할모델과 신뢰 행동

번호	문항	나의 성향	
		그런 편	아니 편
2-1	나는 아이와 한 약속은 다소 무리한 일이라도 잘 지키려고 한다.		
2-2	나는 아이가 잘못했다고 판단되면 이유는 묻지 않고 야단쳐서 고칠 수 있게 가르친다.		
2-3	나는 스스로 운동이나 좋은 습관 등 자기관리를 잘하고 있다.		
2-4	나는 누워서 TV를 보면서 아이에게는 책도 읽고 공부하라고 가르친다.		
2-5	나는 부모로서 즐겁고 행복하게 사는 모습을 그대로 보여 준다.		
2-6	나는 종종 아이 앞에서 언성을 높이거나 화나 난 상태로 부부싸움을 한다.		
2-7	나는 아이의 잘잘못에 대해 기분에 따라 칭찬도 하고 야단을 치기도 한다.		
2-8	나는 아이가 잘못을 인정하면 야단을 치더라도 아이가 반성한 후에는 마음을 다독여 준다.		

※ 판단: 2-1, 2-3, 2-5, 2-8은 바람직한 행동으로 볼 수 있다. 특히 2-5는 아이에게 자연스럽게 주는 정서적 안정과 행복감이라는 선물이다. 2-2의 경우는 아이가 잘못하지 않았는데도 부모가 오해하여 그릇된 판단을 할 수 있으므로 아이에게 확인하고 이유를 묻는 것이 좋다. 2-4는 부모의 모범 행동이 필요하다. 2-6은 아이를 불안하게 하여 자신감을 잃게 할 수 있다. 2-7은 합리적으로 일관된 양육 원칙을 세워 부모의 권위와 신뢰를 세우는 것이 바람직하다. 부모는 아이의 가장 가까운 선생님이다.

방루치 포럼

3. 자녀의 자기관리 습관과 생활 기술 익히기

번호	문항	나의 성향	
		그런 편	아닌 편
3-1	아이가 신발, 장난감, 옷, 우산 등 자기 물건을 스스로 제자리에 정리하도록 가르치고, 때에 따라 거들어주기도 한다.		
3-2	아이가 학교 학습 준비물을 스스로 챙기지 않아 늘 챙겨 주어야 한다.		
3-3	아이가 숙제를 스스로 하도록 강조하지만 제대로 되지 않아 강압적으로 지시해서 할 때가 많다.		
3-4	아이가 미니 청소기 등 간단한 가사 도구의 사용법과 쓰레기 분리 등의 가사 일을 할 수 있도록 가르친다.		
3-5	아이는 숙제, 학원, 놀이 등 자기 시간을 잘 지키도록 가르친다.		
3-6	아이의 물건은 대개 어질러진 상태로 있어서 내가 치우고 정리해야 한다.		

※ 판단: 3-1, 3-4, 3-5는 바람직한 행동으로 볼 수 있다. 특히 3-4는 위험하지 않은 범위 내에서 나이에 맞는 생활 기술을 익히도록 하는 것이 좋다. 3-2와 3-6은 자칫 습관이 잘못 들면 마마보이가 될 가능성이 크다. 3-3은 잘할 경우에 칭찬과 상을 주거나 잘하지 못할 때 아이가 손해라는 것을 깨닫게 하는 방법이 필요하다.

4. 자녀의 의견 존중해 주기

번호	문항	나의 성향	
		그런 편	아닌 편
4-1	여행이나 외식 등 가족 행사에서 아이들의 의견을 묻고, 새롭고 창의적인 의견들을 긍정적으로 수용한다.		
4-2	아이가 항상 부모의 말을 잘 따르도록 가르쳐서 남들로부터 착한 아이라는 말을 듣게 한다.		
4-3	아이의 호기심이나 취미에 대해 관심을 가지고 관찰한다.		
4-4	아이가 자기의 호기심이나 관심이 있는 문제를 이야기하면 경청하고 특별한 문제가 없으면 아이의 의견을 들어준다.		
4-5	집안 어른들이 계신 자리에서 아이들의 발언을 삼가게 하는 편이다.		

※ 판단: 4-1, 4-3, 4-4는 바람직한 행동으로 볼 수 있다. 4-2는 부모에게 무조건 순종하기보다 자기의 생각과 사안에 따라 부모의 뜻을 존중하는 아이로 성장시키는 것이 바람직하다. 4-5의 경우는 옛날식의 사고방식으로 보인다. 어른에 대해 존중하면서도 개방적으로 대화하는 방법을 가르치는 게 바람직하다.

5. 자녀의 자율적/자기주도적 행동의 장려

번호	문항	체크	
		그런 편	아닌 편
5-1	아이가 자기 일에 문제가 생겼을 때 스스로 해결할 기회를 주고 지켜보며 기다려 준다.		
5-2	가족 일에 청소나 여행 준비물 챙기기 등 아이가 할 몫에 대해 적절한 역할을 준다.		
5-3	아이가 책임 맡은 일을 제대로 하지 않았을 때 내가 해 버린다.		
5-4	아이가 할 일에 대해 사안에 따라 실천한다는 자기약속을 하도록 한다.		
5-5	가족 외출을 할 때 아이가 입을 적절한 옷을 골라 주어 입도록 한다.		
5-6	가족여행을 계획하고 실행하는 데 아이가 할 수 있는 부분에서 리드하는 역할과 기회를 준다.		
5-7	일상이나 여행 중에 교육에 도움 되는 것들을 주로 내가 아이에게 설명해 준다.		
5-8	가족여행 중에 관심 있는 일에 대해 아이가 먼저 설명해 보도록 한다.		
5-9	아이가 한 일의 결과에 대해 내가 평가하기 전에 아이가 어떻게 생각하는지 물어본다.		

※ 판단: 5-1, 5-2, 5-4, 5-6, 5-8, 5-9는 바람직한 행동으로 볼 수 있다. 다만 5-4 의 경우는 자기 약속을 하지 않아도 잘할 때는 굳이 자기 약속을 받을 필요는 없을 것이다. 5-3은 아이의 책임감을 기르기 위해서 대신해 주는 것은 좋지 않다. 5-5의 경우에 외식, 놀러 감, 명절 등의 목적만 말해 주고 아이가 적당한 옷을 고르게 하고 부모가 확인하는 것이 바람직하다. 5-7은 부모가 설명해 주는 것보다 아이가 공부하여 자기주도 학습으로 주도하게 하는 것이 좋다.

6. 자기 목표와 계획 세우기

번호	문항	나의 성향	
		그런 편	아닌 편
6-1	아이가 새 학년, 새 학기, 방학이 되면 목표와 계획을 세워 보도록 장려하고 도와준다.		
6-2	장래 꿈과 희망에 대해 아이와 이야기를 나눌 때 부모의 의견을 잘 따르도록 강조한다.		
6-3	아이가 숙제나 놀이 시간을 계획하여 실천하도록 가르친다.		
6-4	아이의 자율성이 중요하므로 아이 일은 자기가 알아서 하도록 관여하지 않고 놔둔다.		

※ 판단: 6-1, 6-3은 바람직한 행동으로 볼 수 있다. 6-2는 아이의 꿈과 희망 의견을 일단 경청하며 부모의 의견을 강요하듯 강조하는 것은 바람직하지 않다. 6-4의 경우는 자율성의 인정이 아니라 방관에 가깝다. 아이의 일이라도 관심을 가지고 지켜보며 사안에 따라 지도하는 것이 바람직하다.

방루치 포럼

7. 다양한 견문·체험 기회의 제공

번호	문항	나의 성향	
		그런 편	아닌 편
7-1	아이와 박물관이나 문화유적지 등에 자주 탐사 여행을 한다.		
7-2	아이와 여러 장르의 공연이나 전시회를 관람하는 기회를 자주 갖는다.		
7-3	아이와 어드벤처나 캠핑 등 자연 체험의 기회를 자주 갖는다.		
7-4	아이가 관심 갖는 분야의 견문 · 체험에 참여하게 해준다.		
7-5	견문 · 체험 활동 중 가능한 부분에서 아이가 주도하도록 기회를 준다.		

※ 판단: 모든 항목이 바람직한 행동으로 볼 수 있다. 아이들은 다양한 견문 · 체험을 통해 자기의 소질을 발견하고 개발하며, 자기주도 학습 방식으로 자생력의 행동을 배울 수 있다.

8. 육체적 건강과 정신적 멘탈의 강화를

번호	문항	나의 성향	
		그런 편	아닌 편
8-1	건강한 식습관에 대해 대화하고 가르쳐서 좋은 식생활의 안목을 길러 준다.		
8-2	함께 운동도 하며 일상에서 신체단련을 습관화하도록 돕고, 아이가 혼자서도 운동하는 것을 장려한다.		
8-3	운동의 단계적 목표를 세워 달성하면 칭찬하고 필요하면 상위 레벨의 운동을 수련할 기회를 준다.		
8-4	등산이나 트래킹, 해양스포츠 등의 자연 속에서의 아웃도어 활동을 장려한다.		
8-5	실패의 경우에도 좌절감보다 교훈을 얻어 딛고 일어서는 용기와 긍정적 마인드를 가르친다.		
8-6	큰 목표에 도달하는 과정의 작은 목표 달성의 성공 경험을 통해 성취의 기쁨을 자주 맛보게 한다.		
8-7	남의 부탁이나 요구를 받았을 때, 받아주는 것이 좋은지 여부를 판단하여 지혜롭게 거부할 줄도 알도록 가르친다.		
8-8	인간관계에서 타인의 감정을 배려하되 자신의 감정도 잘 지켜 손상받지 않도록 대화하면서 가르친다.		

※ 판단: 모든 항목이 바람직한 행동으로 볼 수 있다. 건강한 신체에 건강한 정신이 깃든다. 아이들은 어린 시절부터 육체 및 정신의 단련과 성공 경험 및 성취의 즐거움을 통해 자생력의 기반을 튼튼하게 다지게 된다.

9. 자녀의 좋은 커뮤니케이션 습관 갖게 하기

번호	문항	나의 성향	
		그런 편	아닌 편
9-1	아이가 말을 할 때는 경청하면서 공감의 멘트를 해 준다.		
9-2	아이와 대화할 때 긍정적인 언어와 용어를 사용하도록 노력하며, 아이에게도 가르친다.		
9-3	내 감정이 좋지 않을 때는 아이에게 욕설이나 큰소리를 칠 때가 있다.		
9-4	아이와 이야기하다 보면 거의 내가 말하고 아이는 주로 듣는 편이다.		
9-5	아이와 이야기하다 보면 서로 말하고 듣는 시간이 비슷하거나 아이가 더 많이 이야기하는 상호작용이 잘 이루어진다.		
9-6	아이의 용기와 창의력을 북돋아 주는 말을 사용하려고 노력한다.		
9-7	아이와 이야기할 때 내용에 맞는 제스처를 사용하고 아이에게도 가르친다.		
9-8	아이가 자기가 잘한 일을 이야기할 때, 관심을 가지고 질문도 하면서 칭찬을 해 준다.		
9-9	아이의 말에 반응을 잘 하지 않는 편이며, 아이가 왜 안 듣느냐고 하면 다 듣고 있다고 말해 준다.		
9-10	아이가 한 일에 대해 아이의 기분을 좋게 하려고 무조건 칭찬을 해 준다.		

＊판단: 9-1, 9-2, 9-5, 9-6, 9-7, 9-8은 바람직한 모범 행동으로 볼 수 있다. 9-3은 당연히 피해야 할 행동이다. 차라리 아이에게 엄마(아빠)의 감정 상태가 좋지 않으니, 아이가 어떻게 행동하라고 말하는 것이 낫다. 9-4는 일방적 대화가 되는 경우인데 대개 무의식적인 습관으로 9-5를 참고할 필요가 있다. 9-9는 딴 일을 하거나 폰이나 TV를 보는 등 무성의하게 듣는 경우이다. 9-1을 참고할 필요가 있다. 9-10의 무조건적인 칭찬은 바람직하지 않으며 칭찬 관련 본문을 참고할 필요가 있다.

10. 자녀관찰과 기록 및 대화

번호	문항	나의 성향	
		그런 편	아닌 편
10-1	아이의 자기관리와 주도적인 행동을 관찰하면서 중요한 점들을 기록해 둔다.		
10-2	언행을 기록하고 있다는 것을 아이에게 알려 주고 올바로 행동하라고 가르친다.		
10-3	적성과 장점 중심으로 기록하고, 학교나 학원에서의 알림 내용이나 적성검사 등과 비교해 본다.		
10-4	기록한 내용을 바탕으로 자연스럽게 대화할 때 칭찬하고 의견을 나눈다.		

※ 판단: 10-1, 10-3, 10-4는 바람직한 행동으로 볼 수 있다. 10-2의 경우는 아이가 부모에게 보여 주기 위한 의식적이고 부자연스러운 언행을 할 가능성이 크다. 또한 관찰이 감시처럼 되면 안 된다. 부모의 모든 행동은 우선 아이의 미래를 위한 것이면서, 잘 되어 가면서 부모에게도 좋아지는 것임을 인식할 필요가 있다.

체크리스트는 책의 제2부와 3부의 내용을 바탕으로 만들었으므로 대조해 보면서 활용하면 더욱 참고가 될 것이라고 미미 아빠 팀은 조언했다. 그리고 보건복지부 아동생활실태 자료(2023년) 중 부모의 효능감 척도를 마지막에 소개하며 좋은 부모가 되도록 노력하자고 제언했다.

참고로 아래 〈부모의 효능감 척도〉는 '그렇다'로 답할수록 부모역할의 자신감이나 효능감이 좋은 상태이고, '그렇지 않다'로 답할수록 좋지 않은 상태이므로 보완노력이 필요하다.

부모의 효능감 척도 설문

구분	문항내용
부모 효능감	1. 나는 아이들을 돌보는 데 있어 유능하다고 생각한다
	2. 나는 아이가 무엇을 힘들어하는지 누구보다도 잘 알고 있다
	3. 나는 다른 사람들이 나로부터 좋은 부모 역할을 배울 수 있는 괜찮은 부모라고 생각한다
	4. 나는 아이와의 관계에서 생기는 문제들을 잘 다룬다
	5. 나는 아이가 나를 좋은 부모라고 보는지에 대해 자신이 있다
	6. 나는 부모로서 이룬 것이 많다고 느낀다
	7. 나는 아이가 잘못했을 때 아이 자신이 잘못한 점을 깨달을 수 있도록 잘 설명하고 지도한다
	8. 나는 부모로서 해야 할 일을 잘 하고 있다
	9. 나는 좋은 부모가 되는데 필요한 지식과 방법을 잘 알고 있다

우리는 아이들의 자생력을 길러 주는 부모가 되고, 아이들은 황야에서 홀로 우뚝 선 나무보다 푸른 숲에서 여러 생명들과 함께 어울리며 튼튼한 한 그루씩의 나무로 자라기를 소망했다.~*

작가 인터뷰

이 책을 쓰신 계기는 무엇인가요?

여러 해 전부터 손주들의 양육을 돕기 위해 매주 아들네 집을 방문하며, 자연스럽게 유치원과 놀이터에서 많은 아이들을 보게 되었죠. 해맑은 이 아이들이 건강한 정신으로 자랐으면 좋겠다는 생각이 문득 들었어요. 그런 생각을 하다 보니 예전에 쓴 책이 떠올랐어요. 어려운 여건을 극복하며 자기 분야에서 성공을 이룬 지인들의 삶을 소재로 쓴 『인생 풍경』이라는 책인데 '셀프 리더십'의 사례로 강의에서도 학생들에게 소개하곤 했어요. 이 아이들도 책에 소개한 분들처럼 보람되게 잘 살았으면 좋겠다는 생각이 들더군요. 그 순간이 계기라고 할 수 있어요.

육군사관학교 출신 경영학 교수이자 리더십 전문가, 그리고 문학가이기도 하신데요. 이번에는 특별히 아이들의 자생력에 주목하게 된 비하인드 스토리가 있을까요?

육사 시절부터 리더십은 필연적인 화두였어요. 사관학교와 대학에서 경영학 교수를 할 때도 주로 리더십 과목을 담당했죠. 리더십의 원리를 탐구하고, 교정시설 재소자 인성교육과 공공기관 면접 위원, 그리고 교육청의 학부모 교육 강사를 하면서 찾아낸 삶의 중요한 포인트가 '존재감'과 '자생력'이었어요. 특히 자생력은 자녀는 물론 부모와 사회를 함께 행복하고 건강하게 만드는 기반입니다. 어린 시절부터 길러야 할 정신이자 능력이며 습관이죠.

제가 중·고등학교에 다녔던 시기가 1960년대 후반인데, 당시 우리나라는 지금처럼 발달하기 전이라 일부 친구들을 제외하고는 학교를 졸업하면 자력으로 살아가야 한다고 생각했지요. 당시 사회 여건이 그랬으니까요.

군 경험으로 본다면 독일 육군이 개발한 '임무형 전술'로 인해 자생력을 중시하게 되었는데요. 우리 육군에서 '임무형 지휘'로 개념을 발전시키기도 했는데, 흔히 상급 부대의 통제에 따라 하급 부대가 움직이는 '통제형 전술'과 대립하는 부대 운용 개념이죠. '임무형 전술'은 전장 상황과 상급 지휘관의 의도를 고려해서 현장지휘관이 작전을 결정하는 개념입니다. 자율 능력이 매우 중요한데 자생력의 취지와 유사해요. 작전 상황뿐만 아니라 일반 상황에서도 적용할 수 있는 바람직한 방법으로 생각하고 있습니다.

소설처럼 등장인물들이 모여서 포럼을 여는 스토리나 AI 기술이 융합되는 지점 등 책의 설정이 새롭고 흥미로웠습니다. 어떻게 이런 생각을 하셨나요?

앞에서 말씀드렸듯이 손주 육아를 돕기 위해 아들네 아파트를 자주 방문하면서 단지 내의 젊은 부모들과 대화도 하며 육아에 대한 생각을 들을 수 있었어요. 책을 구상하면서 AI에게 질문을 던져보기도 했고요. 교과서처럼 서술하는 방식보다는 고민을 나누는 이야기 형태로 구성하는 것이 더 자연스럽고 흥미로울 것 같았어요. 젊은 부모들의 정서에 더 가까웠으면 합니다.

작가님께서 자녀분들을 양육하면서 겪으신 개인적인 도전과 극복 경험이 궁금합니다.

자녀와 상의하고 대화하는 부모가 된다면 얼마나 좋을까요? 그런 대화는 어느 날 갑자기 되는 것이 아니라 어릴 때부터 친밀해야 가능한 일이죠. 저도 노력은 했지만, 아마 자녀들에게는 제가 모르는 어려움이 있었을 거예요. 부모로서 자녀와 함께 재미있는 일들과 좋은 견문을 많이 경험하면 좋겠다는 말씀으로 답변을 대신하죠.

교육에 대해 확고한 가치관을 갖고 계신 것이 느껴지는데요. 부모님, 멘토 등 작가님의 교육관에 영향을 준 분들이 있으신가요?

우선 아버지가 떠오르는데요. 부친께서 한동안 초등학교 교직에 계셨는데, 무슨 생각이셨는지 제가 무엇을 하든 거의 관여하지 않으셨어요. 공부를 하건 친구들과 밤늦게 놀다 오건 말이죠. 그리고 책을 좋아하셔서 집의 벽면에는 책이 가득했어요. 자연스럽게 관심이 가는 책을 꺼내보면서 지적 호기심을 넓혀갔죠. 여쭤보지는 못했지만 아마 제 길을 스스로 발견해 가도록 하신 게 아닌가 생각합니다.

두 번째로는 경영학 석사과정 때의 지도 교수님인데요. 제가 관심 있던 다른 학과 과목도 수강하도록 허용해 주셨어요. 논문도 거의 사회학 주제였는데도 쓸 수 있게 해주셨죠. 참 감사한 일이었습니다.

이런 경험들이 사람마다 자기 본성을 바탕으로 자유롭게 소질을 펼치도록 하는 루소의 교육관을 선호하는 데 영향을 준 것 같습니다.

책을 집필하면서 얻게 된 통찰이나 깨달음이 있으셨나요?

'존재감'과 '자생력'은 제가 삶을 보는 키워드인데요. '존재감'은 스스로 갖는 자존감이기도 하지만, 남들로부터 가치 있는 사람으로 인정 또는 존중받는 부분이 훨씬 커요. 존재감이 있을 때 삶의 활력이 생기고, 존재감이 미약해질 때는 활력과 의미를 잃게 될 가능성이 커지죠. 반면에 '자생력'은 설령 남이 도와준다 하더라도 자신이 기르고 가져야 할 정신이자 역량입니다. 그래서 건강한 인간관계란 각자 자생력을 가지면서 서로 존재감을 높여주는 관계인데, '홀로서기'나 '기대서기'가 아니라 '함께 서기'인 것이죠. 부부, 부모와 자식, 스승과 제자, 상관과 부하, 친구, 연인 등 모든 인간관계에 적용될 수 있어요.

책을 쓰면서 부모와 자식 간 건강한 관계를 명확하게 다시 인식했어요. 부모는 자녀의 존재감을 살려주며 자생력을 갖추어 가도록 도와주고, 자녀는 성장하면서 부모가 보람을 갖도록 한다면 얼마나 좋을까요? 이러한 관계 형성이 우리가 나아가야 할 방향이라고 봅니다.

자녀의 자생력을 높이기 위해 단 하나를 꼽는다면 무엇일까요?

'자기결정과 책임의 경험'을 꼽고 싶군요. 어릴 때부터 미숙하더라도 자기의 일에 대해 결정할 수 있도록 기회를 주고 결과에 대해서도 본인이 리뷰하도록 하는 겁니다. 이 과정에서 부모는 도와는 주되 대신해 주지 않는 것이 중요하죠. 대신 해주는 것은 오히려 방해가 돼요. '한 가지를 경험하지 않으면 한 가지 지혜가 생기지 않는다.', '잔잔한 바다에서는 훌륭한 뱃사공이 만들어지지 않는다.' 등은 마음에 새겨둘 만한 격언이죠.

앞으로 다가올 AI 시대에 부합하는 자녀 교육 방법에 대해 조언해 주신다면.

우선 AI 시대를 이해하는 기초적인 지식과 견문을 넓히고, 아이에게 적합한 전문성을 갖추어 가는 것이죠. AI 시대일수록 창의적인 작업에 더 많은 시간을 쓰는 게 바람직하다고 생각해요. 그러려면 효율적인 검색과 자료변환 및 창작 기술들이 필요하겠죠. 요즘은 자료 탐색과 정리, 데이터 정리와 변환, 번역과 작곡, 디자인, 영상편집과 창작 등의 일이 AI로 가능하잖아요. 이런 AI를 활용해서 아이들이 지식과 기술을 융합적으로 쓸 수 있는 창의적 능력을 키울 수 있었으면 좋겠어요. 그 과정에서 자신에게 적합하면서도 좋아하는 전공 분야나 삶의 방향을 찾아간다면 더할 나위 없이 좋지 않을까요?

어느 시대를 막론하고 삶의 기반이 되는 풍부한 견문과 경험이 중요하다고 생각해요. 아이에게 이런 기회를 만들어 주는 것은 부모의 몫이 크죠. 그 기회를 창의적인 노력을 통해 삶의 힘으로 만들어 가는 것은 아이의 몫일 테고요.

다음 작품 계획이나 새롭게 도전해 보고 싶은 목표가 있으신가요?

제가 좋아하는 일 중 하나가 배움을 글로 남기는 것입니다. 이번 책을 쓸 때도 무척 설레였죠. 집필계획으로는 '존재감 높이기 실천 가이드'를 테마로 책을 써보고 싶어요. 자연 속에서 거니는 것을 좋

방루치 포럼

아해서 '문학 산책'이나 '자연풍경 디카 시집'도 제겐 유혹적인 주제고요. 그 외의 구상들도 있지만, 새로운 목표와 계획들이 불현듯 떠오르곤 합니다.

현대 사회에서 아이를 키우며 고군분투 중인 부모님들에게 인생 선배로서 조언 한마디 해주신다면.

책 속 이야기의 출발점은 마마보이였어요. 저는 이 개념을 '마마보이다. 아니다.'의 2분법적 구분이 아니라 하나의 스펙트럼으로 생각해요. 완전한 마마보이를 1, 완전한 자생력 상태를 10이라고 한다면 사람들은 1~10 사이 어딘가에 있겠지요. 이 책은 자녀들이 가능한 10에 가까워지도록 확률을 높이는 원칙과 방법들을 탐색하는 책이죠. 자녀가 자기 인생의 주인공이 될 수 있도록 부모가 조력자 역할을 하는 것이 바람직합니다. 부모가 주인공인 듯 자신의 목표나 희망을 자녀를 통해 실현하려는 욕구는 경계할 일이죠. 자녀가 두 명 이상이면 본성과 소질이 다를 수 있으므로 개인별로 고려해야 하고요.

자녀들이 성인이 되었을 때 부모와 자녀들이 각각 자립한 상태에서 서로가 만족하는 거리의 친밀한 관계를 유지하며 지낼 수 있으면 좋겠습니다. '함께 서야' 함께 행복할 수 있으니까요.

책 소개 홈페이지

방루치 포럼

내 아이를 위한 가장 소중한 선물, 자생력!

발행일 2025년 4월 10일

지은이 박유진
펴낸이 마형민
기획 신건희
편집 곽하늘 이은주 김현우
디자인 김안석 조도윤 표진아
펴낸곳 주식회사 페스트북
홈페이지 festbook.co.kr
편집부 경기도 안양시 동안구 관악대로 488
씨앗트 스튜디오 경기도 안양시 동안구 안양판교로 20

ⓒ 박유진 2025

ISBN 979-11-6929-761-5 03370
값 15,000원